혁신학교 10년의 발자국
푸르고 맑은 마을의 아이들

청양중학교 교육가족 지음

꿈과 희망을 키우는 행복교육의 중심! 청양중학교

청양중학교 상징

〈오색영롱〉

'다섯 가지 색'과 '찬란하게 빛난다'로,
'각기 다른 색깔을 지닌 다섯 명의 아이가 서로 손을 맞잡고
어울려 찬란하게 빛이 난다'는 의미를 품은 학생 작품임.

〈오색〉의

노랑은 희망, 분홍은 긍정, 초록은 지성, 파랑은 신뢰,
주황은 창의를 상징함.

여는글

10년 전, 청양중학교는 조용히 한 가지 목표를 세웠습니다. '학생이 주인공인 학교를 만들자!'라는 결심이었죠. 그때만 해도 '학생 중심 수업'이 뭘까 고민이 많았지만, 지금은 확신할 수 있습니다. 우리 학생들이 스스로 길을 찾아 성장을 거듭하는 모습을 보며, 그 결심이 옳았음을 확인하고 있습니다.

학생들은 더 이상 수동적인 학습자가 아닙니다. 청양중학교에서는 학생들이 주도적으로 수업에 참여하고, 자기만의 학습 스타일로 배움을 만들어가고 있습니다. 학생 자치회를 통해 친구들과 토론하고, 자신의 의견을 당당히 표현하는가 하면, 학생들이 스스로 기획하고 운영하는 다양한 행사들로 학교는 늘 활기로 가득 차 있습니다. 동아리 활동도 활발해져, 각자의 취향과 재능을 마음껏 펼치며 학교생활이 더욱 다채로워졌습니다.

물론, 이 모든 변화가 혼자 이루어진 것은 아닙니다. 교사들은 끊임없는 협의를 통해 학생들의 필요에 맞는 수업과 교육 방식을 고민하며, 서로의 아이디어를 존중하는 민주적 협의 문화를 정착시켜 왔습니다. 또한, 청양 마을과의 협력으로 지역 사회와 함께하는 교육 과정을 만들어, 학생들이 학교 안팎에서 배움을 이어갈 수 있게 했습니다. 우리 마을이 바로 교실이 되고, 교실이 마을이 되는 특별한 경험이었습니다.

이제 청양중학교는 IB(국제 바칼로레아) 인증 학교로 전환하여, 교육과 평가 방식에 새로운 혁신을 불어넣을 계획입니다. 이로써 학생들은 더욱더 창의적이고 융합적인 사고력을 기르게 될 것입니다. 또한, 2025학년도에 그린 스마트 미래학교가 완성되고, 인조 잔디와 우레탄 트랙, 개축된 체육관이 더해져 학생들이 더욱 쾌적한 환경에서 꿈을 키워갈 수 있게 됩니다.

　우리 청양중학교는 가정, 학교, 지역 사회가 함께하는 교육을 통해 학생들이 세계 시민으로서의 역량을 갖추고, 더 큰 세상에서 자신의 가치를 발휘할 수 있도록 최선을 다할 것입니다. 청양중학교의 내일은 오늘보다 더 빛날 것입니다. 그리고 그 빛나는 미래의 중심에는 언제나 우리 학생들이 있을 것입니다.

　자! 이제 우리 모두 함께 청양중학교의 새로운 미래를 향해 한 걸음 더 나아가 봅시다!

2024년 11월
청양중학교장

_차례

004 여는 글

혁신학교 10년을 걸어오며
012 혁신의 첫걸음을 내딛으며 | 조국행(교장)
017 곁에서 곁으로 다가간 소통의 행복 | 서용문(교장)
025 세상을 움직이는 힘 – 청양중과 청중인 | 배종남(교장)
029 혁신교육의 이상을 꿈꾸며 | 전건용(현, 교장)
033 '아레테'로 키우는 혁신학교 꿈의 날개 | 정범순(교감)
036 혁신학교에 대한 생각 | 최언호(교감)
038 혁신학교 생활을 돌아보며 | 고정옥(교감)
040 수평적 학교 문화를 통한 민주적 학교 운영 | 김미숙(교감)
047 행복한 학교를 꿈꾸다 | 임두빈(교사)
056 혁신학교 1년차 행복했던 어울림 | 유영훈(교사)
058 나의 첫 학교, 청양중학교, 그리고 혁신학교 | 박혜송(교사)
061 스스로 사고하고 실천하는 교육공동체 | 안수현(교사)
067 아름다운 기억, 청양중학교 | 이향미(교사)
069 선생님의 시선 | 소은숙(수석교사)
073 청양중으로 세 번 오다 | 박민선(교사)
076 아이들과 함께한 교사의 첫걸음 | 전현태(교사)
079 학교의 막내로 살아가기 | 이찬규(교사)
081 행복을 먹고 자란다 | 최진은(교사)

그림, 사진으로 보는 선생님의 학교 생활

086 　슬기로운 교감 생활 365 | 박윤숙(현, 교감)
092 　혁신학교, 창의적 국어 수업 이야기 | 석미옥(교사)
097 　3년 차 교사의 타임머신 | 박수민(교사)

청양마을과 함께하는 사람들

105 　열정과 상상력을 키워준 학교 | 신현경(70회)
108 　꿈을 향해 더 힘차게 | 강인구(71회)
112 　꽃 피는 자치활동 | 이주아(71회)
116 　소통의 창구, 봉사활동 | 우형순(학부모)
118 　두 아이 엄마의 혁신학교 체험기 | 김영미(학부모)
120 　세 아이의 꿈이 자라는 터전이 된 청양중학교 | 최단비(학부모)
123 　비오는 겨울날, 따뜻한 로제떡볶이 체험기 | 김민솔(주민)
125 　청양의 흙 바람 햇빛은 나의 새로운 삶의 선물 | 김미연(주민)
128 　따듯한 아이들 | 김영미(강사)
130 　교사가 되기 위한 걸음마, 청양중학교처럼 | 최명준(교생)
135 　아이들의 희망이 자라는 학교, 청양중 | 김태형(교생)

청솔 인터뷰

140 　73, 74, 76, 77회 졸업생 인터뷰 | 2023년 학생회
160 　자율성을 중시하는 혁신적인 교육 | 신재호(3학년)

162 3년간 혁신학교에서 공부하며 | 강채민(3학년)
165 어울림의 가치를 실현하는 청양중학교! | 2022 하반기 학생회
168 도서관은 소중한 배움의 공간 | 도서부장, 조아랑(76회)

푸르고 맑은 마을 아이들의 활동
174 자치의 씨앗, 혁신의 꽃을 피우다 | 김준현(교사)
178 학생이 주체가 되는 행복한 학교 | 이은서(75회)
182 우리 손으로 만들어가는 청양중학교 | 김은채(3학년)
184 가뭄을 이겨내고 스스로 큰 고구마 | 고수연·이수연(73회)
186 우리들의 놀이터 '야외 카페' | 이주아(71회)
188 학생운영위원회 참여 | 고건우(3학년)
190 학생회 임원 선발 면접 | 안상빈(2학년)
193 흙을 통해 마음도 한 뼘 성장하는 '꽃물' 동아리 | 이선민(74회)
195 오색영롱 동아리 박람회 | 이준희(3학년)
197 오색영롱 학생자치 동아리 운영 | 김준현(교사)
199 동아리 박람회라니? | 문정현(교사)
201 영원히 남을 추억이 되기를 | 유병서(교사)
203 조밀쪼밀 | 명지희(3학년)
205 글램핑으로 1학기를 마무리 | 김하음, 이호재(2, 3학년)
209 글램핑의 꽃 | 명진영(3학년)
211 즐거운 학교생활 | 이은제(2학년)

214 급식대란?? | 강지민(3학년)

217 급식실 대란 사건 | 박민선(교사)

221 새로운 시작은 늘 설렌다 | 명수현(75회)

224 우당탕탕 성장하는 밴드부의 시장 버스킹 | 허기명(교사)

230 드럼 | 복성혁(76회)

231 우리들의 노랫소리 | 안노은 · 오세빈 · 한지은(71회, 71회, 73회)

233 학생들을 감싸는 기분 좋은 선율 | 복수연, 엄영임(77회)

235 다사다난 음악제 준비과정 | 정여원(2학년)

238 연습하고 또 연습하고 | 장지민(2학년)

239 청양에 울려 퍼진 청양중학교의 함성소리! | 강지민(3학년)

242 함께 준비하고 함께 울었던 체육대회 | 홍영택(3학년)

244 책을 배달받았어요! | 박지영(2학년)

246 사서선생님이 책을 픽업해 출발했습니다 | 선동혁(교사)

251 부산을 다녀오다 | 염기돈(3학년)

253 제주도를 다녀오다 | 명지희(3학년)

257 서울에 다녀오다 | 이은서(2학년)

262 축제의 장에서 무대에 오르다 | 신해율(2학년)

266 즐거운 학교생활 | 명혜영(2학년)

268 거친 돌이 다듬어져 | 박민서(77회)

혁신학교 10년을 걸어오며

혁신의 첫걸음을 내딛으며

조국행

(2012. 9. 1. ~ 2016. 8. 31. 교장)

 2015년, 청양중학교가 혁신학교 1기로 첫발을 내딛던 그날의 설렘과 긴장감이 아직도 생생하다. 아무것도 정해지지 않은 상황에서 우리는 새로운 길을 개척해야 했다. 혁신이라는 단어는 그 자체로 많은 의미를 내포하고 있었지만, 그 길이 결코 쉽지 않을 것을 우리는 모두 알고 있었다. 그러나 그때부터 지금까지, 청양중학교의 혁신 여정은 단순한 변화가 아닌, 함께 나아가는 힘을 믿는 교직원들의 단합과 협력이 만들어낸 기적이었다.

민주적인 학교 문화, 그 시작

 혁신학교의 첫해, 우리는 하나된 목표를 향해 함께 나아가고자 했다. 첫 회의 때 선생님들은 각자의 교육철학과 아이디어를 나누며,

학생 중심의 수업과 자치활동에 대해 깊이 토론했다. 의견은 제각각이었다. 일부 선생님은 전통적인 수업 방식을 고수하고자 했고, 다른 이들은 혁신적이고 새로운 방식의 수업을 시도하고 싶어했다. 이견은 있었지만, 중요한 것은 모두가 학생들의 성장을 위해 고민하고 있었다는 점이었다. 나는 이러한 다양성을 존중하며, 교직원들의 목소리를 하나로 모으기 위해 노력했다.

우리는 매주 교사 회의를 열었고, 선생님들이 한자리에 모여 미래의 교육 방향에 대해 깊이 논의했다. 종종 늦은 밤까지 이어지던 회의는 피곤함을 넘어서 우리의 사명감을 불러일으켰다. 때로는 의견이 충돌하고 해결책을 찾는 데 시간이 걸리기도 했지만, 그 과정에서 우리는 더욱 단단해졌다. 선생님들이 각자의 생각을 말할 수 있는 민주적 토론의 장을 만들기 위해 노력했고, 그 결과 우리는 서로의 신뢰와 존중을 쌓아갈 수 있었다.

주말에도 이어진 헌신

혁신학교로서의 첫발을 내딛기 위해 선생님들의 헌신은 주말에도 이어졌다. 주말이면 자발적으로 학교에 나오서서 수업 자료를 준비하고, 교육과정을 설계하며, 학생들의 성장을 위해 머리를 맞대고 고민했다. 교무실 한쪽에서는 수업 자료를 만드는 소리가 들리고, 다른 한쪽에서는 토론이 끊이지 않았다. 교직원들의 열정과 헌신 덕분에 우리는 하나의 목표를 향해 더 가까이 다가갈 수 있었다.

특히 기억에 남는 장면은 토요일에 도서관에 모여 교육과정을 운영하는 방향에 대해 논의하던 시간이었다. 도서관 한편에서 차를 마시며 토론을 나누던 그 시간들은 단순한 업무를 넘어, 진정한 교육의 가치를 나누는 자리였다. 교직원들은 각자의 의견을 자유롭게 제시했고, 서로 다른 관점을 조율하며 더 나은 교육을 위한 길을 찾았다. 서로의 이야기를 경청하고, 때로는 타협하며, 한마음으로 학생들을 위한 교육을 설계해 나가는 모습은 혁신학교가 추구하는 핵심 가치였다.

학생 중심의 교육, 자치활동을 향한 여정

혁신학교의 방향을 잡아가는 과정에서 가장 큰 과제는 학생 중심의 수업과 자치활동을 어떻게 실천할 것인가였다. 선생님들 사이에서는 의견이 엇갈렸고, 모든 교사들이 이 새로운 방식에 동의한 것은 아니었다. 그럼에도 불구하고 우리는 모두 학생들의 자율성과 책임감을 키우는 것이 교육의 핵심이라는 데는 동의하고 있었다.

수많은 토론 끝에, 우리는 학생들이 주도적으로 수업에 참여하고, 자치활동을 통해 스스로 성장할 수 있는 기회를 제공하는 교육 방향을 설정했다. 이 과정에서 교사들은 자신의 수업 방식을 조금씩 바꾸어야 했고, 새로운 도전에 직면했다. 그러나 교사들의 열정과 헌신은 그 어떤 어려움도 이겨낼 수 있는 원동력이 되었다. 학생들이 자치활동을 통해 스스로 문제를 해결하고, 협력하는 모습을 보며 우리는 이

길이 옳았음을 확신하게 되었다.

민주적 학교 문화의 자리매김

혁신학교 2년 차에 접어들면서 청양중학교는 점점 더 민주적이고 협력적인 학교로 변화했다. 교사들 간의 토론 문화가 활성화되었고, 학생들의 자율성도 눈에 띄게 성장했다. 학급에서부터 학교 전체에 이르기까지, 모든 구성원이 의견을 자유롭게 나누고 협력하는 문화가 자리잡았다.

나는 이 과정을 지켜보며 가슴 벅차오름을 느꼈다. 교직원들과 학생들이 함께 만들어가는 학교, 민주적이고 창의적인 교육이 실현되는 현장을 보며, 우리는 비로소 혁신학교로서의 진정한 모습을 갖추게 되었다는 생각이 들었다.

마무리하며

혁신학교의 첫걸음을 내딛은 지 10년이 지나며, 나는 청양중학교의 변화와 성장을 회고해 본다. 그 과정은 결코 쉬운 길이 아니었지만, 교직원들의 헌신과 학생들의 성장이 있었기에 가능했다. 나는 이 자리를 빌려, 혁신학교 1~2년 차에 함께해 준 교직원들과 학생들에게 깊은 감사를 전하고 싶다.

혁신학교는 단순한 제도가 아니라, 우리가 함께 만들어가는 과정이었다. 학생 중심의 교육, 자율과 책임을 강조하는 자치활동, 그리고 교사들 간의 민주적 협력은 우리 학교의 미래를 밝히는 등불이 되었다. 앞으로도 청양중학교가 이 혁신의 길을 꿋꿋이 걸어가며, 더 나은 교육을 향해 나아가기를 진심으로 소망한다.

곁에서 곁으로 다가간 소통의 행복

서용문

(2016. 9. 1. ~ 2017. 2. 28. 교장)

청양중학교로 발령이 났다

풋내기 교사 시절 청양중학교에서 4년을 근무하고 이임 인사를 하고 떠났는데 30여 년 만에 그 자리에 다시 교장으로 부임했다. 교직 생활 마지막이 시작된 것이다. 행복한 사람의 시간은 빠르게 간다는데 하루하루를 정신없이 보내다가 교직을 마무리하는 시점에 초창기 근무했던 학교로 부임했다.

제자의 아들을 만나다

처음 학교에 들어설 때는 마치 고향에 온 것처럼 편안함, 여유로움, 그리고 학교 경영에 대한 자신감도 있었다. 그런데 막상 현관문을 지나 선생님들을 대면하고 교장실에 들어설 때는 무언가 계단을 내려올 때 높낮이가 달라서 느껴지는 어색함과 부자유스러운 기분이 밀려왔다. 하지만 학교 경영에 대해 별다른 고민은 없었다. 이미 혁신학교로 지정되어 진행 중이었고 나는 9월 발령이어서 학기 초에 진행되었던 것을 그대로 진행하면 되는 상황이어서 여유가 있었다. 이때 나를 뒤돌아보게 하고 내 마음을 다시 세우게 하는 의미 있는 일이 일어났다. 한 학생이 교장실로 들어오면서 아빠 얘기를 꺼내는데 그 순간 내가 교사 시절 가르쳤던 제자의 아들이 이 학교에 다니고 있음을 알게 되었고, 과거 교사로 근무할 때 제대로 가르치지 못한 것에 대한 반성과 남은 시간 정말로 학생들을 위한 교육을 펼쳐야겠다고 다짐했다.

선생님 곁으로 다가가기

학교장이 학교 운영, 교육 정책 결정, 교사나 학생 지원, 학부모와의 소통 등 다양한 역할을 수행하기 위해서는 교사가 자발적 의지를 갖고 그 역할을 수행해야 올바르게 모든 일들이 제대로 나아갈 수 있다는 것이 나의 확고한 생각이다. 속도가 문제가 아니고 어떻게 하면 교사들의 자발적 의지를 불러내 교사 학생 학부모들이 함께 수립한 공동의 방향으로 갈 수 있게 하는가에 대해 보이지 않는 노력을 많이 기울였다. 그중에서 교사가 하는 교육과정 운영 활동에 내가 참여할 수 있는 것은 반드시 참여하였다. 그리고 공식적이든 비공식적이든

모임을 자주 가져 교사들끼리의 대화도 유도하고 학교장에게 바라는 내용이 무엇인지 파악하였다. 시간이 흐를수록 점차로 좋아지는 모습들이 보여서 나름대로 만족하였다. 이 중에서 가장 중요한 것은 교직원 다모임일 것이다. 그 안에서 민주적 협의 문화, 학교의 비전 공유, 수업 나눔과 배움 중심 수업, 전문적 학습 공동체의 임무를 수행하는 것으로 되어 있지만 짧은 시기에 이 모든 것을 소화하기에는 어려움이 많았다. 무엇보다도 참석률이 생각보다 저조하였다. 이런저런 이유로 참석하지 못하는 교사들이 많았고 교장으로서 강하게 추진할 수 있는 성격도 아니어서 더 그랬던 것 같다. 그리고 참석해도 적극적으로 참여하려고 하는 의지가 부족한 탓에 노력과 시간을 많이 들였지만, 그 효과는 미미했다. 나중에는 교사들 사이에서 교직원 다모임으로는 학교 운영에 필요한 필수적인 내용을 공유하기 어렵다는 의견이 많이 나와 어쩔 수 없이 기존에 해던 전통적인 교직원 회의를 주기적으로 하였다. 혁신학교 교육활동에서 가장 핵심적인 부분인데 내가 근무한 시간도 얼마 되지 않았고 큰 변화를 이루지 못해 아쉬움이 많이 남는다. 나의 역량 부족일 것이다.

학생들에게 가장 소중한 것은 독서

해충과 곤충들이 방과 주방에 많이 돌아다니는 그 옛날 관사였지만 나는 차로 출퇴근하는 것이 싫어 관사에서 생활하였다. 그 결과 본의 아니게 교직원 중 가장 먼저 출근하는 교직원이 되었다. 학생들은 읍내에서 등교하는 학생, 멀리 떨어진 곳에서 시내버스 타고 학교에 오는 학생 등 각양각색이다. 일찍 등교하는 학생 때문에 보안시스템 해제하는 시간을 앞당겨야 할 정도였고 등교 지도하는 학생들은 주로 읍내에 사는 학생들이었다. 처음에는 교실을 둘러보고 놀랐다. 학생들이 아침 일찍 등교해서 교실에 있는데 너무 조용했다. 역시 청양중학교는 주변 환경이 아직 시골이어서 학생들도 순박해서 그런가 보다 했는데 몇 번 자세히 살펴보니 휴대폰 게임을 하느라 조용한 것이었다. 등교한 모든 학생이 휴대폰을 붙잡고 있었다. 심지어는 아직 어두운데도 교실 형광등을 켜지 않고 있어서 휴대폰 화면의 푸르름과 학생들의 얼굴이 겹쳐 보이는 교실 안의 풍경이 괴기하게 느껴질 때도 있었다.

그래서 독서 교육에 많은 노력을 기울였다. 그동안 학교에서 많이 했던 독서 방식이 아니다. 학생들이 미리 책을 빌리고 학교에 오자마자 책을 읽기 시작하여 수업 시작할 때까지 책을 읽는 것이다. 그 당시만 해도 휴대폰을 걷어 놓을 수 있었다. 휴대폰 수거백을 각 교실에 비치하고 오는 대로 학생 스스로 자기 번호에 넣어 놓는 것인데 처음에 이 부분을 많이 지도하였다. 대부분 학생이 잘 따라 주어서 수월한 편이었는데 간혹 휴대폰이 두 개 있는 학생들, 늦게 내는 학생들도 있었다. 별문제는 없었다. 선생님들에게는 별도의 부담도 주지 않았다. 평상시대로 출근하시면 자기 교실에 가서 확인만 하면 되었고 혹시 멀리서 통근하시는 선생님 반은 일찍 오시는 선생님과 내가 둘러보면 되었다. 이렇게 시작하니 교실에 활기가 생겼다. 책을 읽는 것이 학생들에게 쉬운 일이 아니어서 처음에는 휴대폰이 없으니 서로 얘기하는 학생, 옆 반 교실로 돌아다니는 학생 등 조금은 시끄러운 분위기였지만 시간이 지날수록 책을 읽는 학생이 많아졌고 교실 분위기도 차분해졌다. 여러 가지 소소한 일들은 학생 중에서 독서위원을 선발하여 활동하도록 했다. 학생들의 교실 분위기가 많이 좋아졌다. 교사들도 수업 분위기가 좋아졌다고 하였다. 학부모들의 반응도 긍정적이었다. 간혹 학교 관계자분들이 교장실에 오시면 이 학교는 절간처럼 조용하다는 말씀도 하셨는데 나에게는 가장 보람이 있는 순간이었다. 기억에 남는 특별한 학생이 있다. 가정도 여유가 있고 좋은 환경에서 자라며 캐나다에 3년간 유학을 다녀온 학생이었다. 불어와 영어를 잘했고 책을 가장 많이 열심히 읽었다. 졸업 후 부모님도 찾아와 고맙다고 말씀하셨다. 청양중학교 학교장으로서 가장 열심히 했다고 생각하는 것이 학생들 독서 생활 지도일 것이다.

학생 주도로 학교생활을 결정하고 실천했다

학생들이 변화하는 사회 속에서 자신의 역량을 알고 친구들을 비롯한 주변 사람들과 함께 생활해 나갈 수 있도록 돕는 것이 중요하다고 생각하며 이를 위한 학생 자치 활성화를 위한 교육환경을 만들어 주었다. 전교생이 강당에 모인다. 교직원들도 참여하지만, 진행은 오로지 학생들이 협의하고 결정하였다. 처음엔 어색했지만, 횟수를 거듭할수록 학생들의 놀라운 능력이 나타났다. 특히 학교생활 규칙도 본인들이 불편하고 잘못된 것을 스스로 드러내서 함께 고쳐나가자고 하고 우리가 생각하지 못했던 좋은 의견을 결정하고 실천해 교사 중심의 학생 생활지도를 할 때보다도 놀랄만한 변화를 가져왔다고 생각한다. 방과 후 그룹 활동, 봉사 활동, 학생 생활부 활동, 길거리 봉사 공연 활동, 체험 활동 등 학교생활 여러 방면에서 변화되는 것을 느낄 수 있었다. 연말에 진행되는 학교 축제 행사에서도 아주 멋진 기획을 학생들 스스로 만들어냈다.

그리고……,

학교장은 학교의 비전과 목표를 설정하고 이를 실천하기 위한 전략을 마련해야 한다. 또, 학교장은 교육과정을 개발하고 갱신하는데 소임을 수행하고 효과적인 운영 방식을 찾아내며 교사의 전문성 향상을 지원하고 교사들이 학생들에게 최상의 교육을 제공할 수 있는 환경을 조성해야 한다. 학생들의 안전과 복지를 보장하기 위한 정책을 마련해서 학생들의 다양한 요구를 수용하고 그들이 성장할 수 있는 환경을 조성하며 학부모와의 소통을 강화하고, 학부모들이 학교의 교육과정과 운영에 대해 이해하고 참여할 수 있도록 해야 한다. 지역사회와의 연계를 강화하여 지역사회의 협력을 통해 학교의 지속적인 발전을 이루어야 한다. 혁신적인 교육 방법도 도입하고 학교 내부 시스템도 개선해서 효과적인 운영 방식을 찾아내고 학교의 외부 자원 활용을 위해 네트워크 구축도 했다. 이 모든 것들이 청양중학교 혁신학교 운영에서 얼마만큼 변화를 가져왔는지는 나도 잘 알 수가 없다. 내가 매우 부족한 탓일 것이다. 하지만 기쁨도 있었다. 내가 떠나오기 전까지 두 번의 졸업식을 했는데 마지막 때 모든 식순이 끝나고 기념 촬영하면서 졸업생과 사진을 많이 찍었다.

청양중 임기가 끝났다

청양중학교에서 관사 생활하면서 행복했던 시간 중의 하나는 밤에 운동장을 걷는 것이었다. 별들도 많았고 청양중학교 상공이 여객기 항로인 듯 많은 여객기가 지나갔다. 그런 여객기와 별을 바라보는 즐거움과 특히 한겨울 눈이 많이 내릴 때 등불에 비치는 눈발을 바라보며 운동장 트랙을 걸으면서 좋은 느낌을 많이 받았다. 머지않아 다가올 퇴직도 생각하면서 청양중학교 생활에 대해 많은 생각을 했다. 청양중학교를 떠나면 다시 이곳에 올 일이 없을 텐데 그동안 곁을 내준 선생님, 교직원들에게 많은 고마움과 아쉬움이 남았다. 교장실의 널찍한 테이블, 학교 건물, 내 책상 위에서 나의 업무를 돕던 컴퓨터, 등교하며 꾸벅 고개 숙여 인사하던 아이들이 내게 앞으로 어떤 의미로 다가올 것인가. 그동안 교사, 교장이라는 타이틀을 갖고 오랫동안 학생들을 지도했다는 긍지만으로 인생 삼 막을 지낼 수 있을까 하는 고민 등이 구체적으로 다가왔다. 그래도 이곳에서의 생활이 남은 교직 생활에서 내 삶의 가치를 높여주고 아름답게 할 수 있을 것이라는 믿음이 생겼다. 학교를 떠나면서 남은 교직 생활과 그 이후의 삶을 보다 더 아름답고 풍족하게 가꿀 수 있으리라는 강한 믿음과 확신을 갖게 되었다. 한쪽 문이 닫히면 또 다른 문이 열린다는 누군가의 말처럼, 또 다른 곳에서 삶의 과제가 나를 기다리고 이를 잘 헤쳐 나갈 수 있다는 믿음을 주었기 때문이다.

세상을 움직이는 힘
－청양중과 청중인

배종남

(2018. 3. 1. ~ 2022. 2. 28. 교장)

    2018년 3월, 청양중학교 부임 첫날 날씨는 몹시 추웠다. 겨우내 얼었다 녹았다를 반복한 운동장은 질퍽할 때 누군가가 돌아다녔던 울퉁불퉁 얼어붙은 발자국이 선명했고, 비좁은 복도에 시멘트 골조가 드러난 학교 내부는 썰렁했다. 2018년이어서 불과 몇 년밖에 안 되었지만 학교는 지금 모습과 많이 달랐다. 낡은 시설과 옹색한 안팎의 구조, 산재한 건물들이 운동장을 뺀 나머지 공간에 꽉 들어차 있었다. 청양의 1번지 중심 학교라는 역동적이고 웅장함보다는 옛날 시골의 작고 낡은 학교였다. 그러나, 그러함에도 불구하고 학생들은 감동스러울만큼 활기차고 똑똑했으며 선생님들의 사랑과 열정은 대단했다.

    나는 주로 타지에서 학교를 다녔고 직장도 청양에서는 불과 1년 6개월만 근무했다. 그러나 이곳은 내 고향이고 또 부모님께서 애정이 많은 곳이어서 청양중학교 제28대 교장 발령은 뜻깊었다. 부임 직후 청양신문사 관계자의 방문을 받았다. 학교장 경영 의지를 물어오는데 '고향에서 후배들을 교육한다는 것이 부담스럽지만, 학생들이 미래를 주도할 성숙하고 역량있는 인재가 되도록 최선을 다해 지원하겠다'고 포부를 밝힌 기억이 난다.

나는 첫 느낌을 중요하게 생각한다. 첫 눈에 거슬리는 것이 있다면 바꿔야 한다는 생각이다. 학교에는 다지고 싶은 것들이 많았다. 교장 임기 4년이 조급함을 불러왔고, 주변 학교들의 학생 수 감소도 한몫 했다. 이 학교를 미래학교로 만들지 않으면 청양지역의 성장, 발전을 확신할 수 없다는 사명감이 있었다. 시설도, 교직원도, 학생도 최고의 학교가 되길 바랐다.

부임 당시 이 학교를 거친 많은 선생님들의 애정이 담겨서 혁신학교 4년차를 맞이한 청양중학교는 혁신학교에서 추구하는 정책의 방향성이 내재되어 있었다. 가장 활기찼던 학생자치활동은 이상적이면서도 감동적이었다. 선생님들의 관심과 지원이 있었지만 자치활동 임원이 되기 위해서는 자체적으로 계획된 면접과정을 엄격하게 거쳤고, 지원자의 면접에 임하는 자세 또한 매우 진지했으므로 자치회가 조직되면 왕성한 활동으로 긍정적인 학교 문화를 만들어갔다. 선생님들은 4~5영역의 주제를 정한 후 전문적 학습공동체 활동을 했는데 청솔공부방이 저녁 늦게까지 운영되다보니 공부방이 운영되지 않는 금요일에 이루어졌다. 조퇴나 출장을 가급적 자제한다는 합의 하에 팀별로 모여서 학생 교육과 관련된 수업혁신, 생활교육(담임의 역할), 학부모활동, 독서활동 등의 주제로 연수를 받거나 토론활동을

〈자유와 질서, 도전과 성장의 경험이 함께했던 청양중학교〉

이어 나갔다.

　본동과 후동 사이에 있던 두 개의 창고를 철거하고 빈 공간을 확보한 후 한쪽에 파고라를 설치하여 학생들의 거점 공간도 만들었다. 그리고 본동에서 체육관까지 도복도를 내어 학생들의 체육관 이동에 따른 불편을 해소했고, 안전을 위협했던 현관 앞의 차량 입출입을 통제한 후 후문을 내어 급식납품 차량이 드나들도록 했으며, 청양고 울타리 옆 관사를 철거하고 학교도서관을 건립하는 등 크고 작은 시설 환경 개선 과정에 교직원과 학생들이 적극 의견을 내고 참여해 주었다. 후동 뒤쪽 군민체육관 옹벽 아래에는 예쁜 생태체험학습장을 조성하고 싶었으나 그린스마트미래학교 사업의 과제로 남기고 50여 주의 산수유 나무를 심어놓고 학교를 떠났다.

　청양의 미래를 생각하면 청양중학교를 빼놓을 수 없다. 청양에 정주하는 많은 분들이 청양중학교를 졸업했고, 대다수 주민들의 자녀가 청양중학교를 다니거나 졸업하여 학교에 대한 전통은 지역의 문화로 이어지고 학교에 대한 기대와 관심도 지역민들에게로 전승된다. 그린스마트미래학교 또한 이러한 차원에서 학교로서는 선택이 아니라 당위적 과제로 도전할 수밖에 없는 사업이었다.

부임 마지막 해였던 2022년 2월, 졸업식 인사말에서 "우리 학생들이 급변하는 환경에 적응할 수 있도록 실뿌리를 내리고 잎을 만들어 주는 것은 학교에서 할 일이다. 우리 학생들이 건강하게 성장할 수 있도록 교육공동체 모두 3년간 최선을 다해 여러분들을 지원했다. 이제 세상을 향해서 더 높이, 그리고 더 멀리 날 수 있도록 날개를 키우고 용기를 내는 일은 여러분 스스로 해야 한다. 앞으로 청양에서뿐만 아니라 세계시민으로 정의롭고 용감하게 도전할 수 있는 우리 청중인이 되길 바란다"고, 청양중학교 마지막 해 교장으로서의 기대를 얘기했다.

발전하는 학교, 그 안에 성장하고 도전하는 청중인이 함께하길 기대한다. 어느 날, 점심시간에 체육관에서 접했던 감동……. 임장하는 선생님이 없는데도 학생들은 질서있고 자유롭게 자신의 끼를 발산했고, 많은 학생들은 이 순간을 즐겼다. 그 청중인이 청양의 미래를 이끌어 나가고 대한민국을, 세계를 주도할 재목으로 성장할 것이라는 믿음을 갖고 있다. 어떤 상황에서도 청양중학교 역사는 계속될 것이며, 거듭되는 역사가 청중인의 현재와 미래의 자양분이 될 것이다. 청양중학교 혁신교육 공동체로 함께하며 헌신적으로 아이들을 가르쳐 주셨던 선생님과 학생, 그리고 학부모님들께 진심으로 감사드린다.

혁신교육의 이상을 꿈꾸며

전건용

(2022. 3. 1. ~ 현재, 교장)

2018년, 싱가포르 주롱빌 중학교를 방문했던 기억이 난다. 교무실 안쪽에 위치한 교사 휴게실에서 교사들이 편안하게 차를 마시며 토론을 나누던 장면이 특히 인상 깊었다. 교사들은 수업과 학생에 대해 열띤 논의를 하며, 그 토론을 통해 학생의 성장을 이끌어내고 있었다. 이러한 교사들 간의 협력과 토론이야말로 진정한 혁신교육의 핵심이 아닐까.

2022년 청양중학교에서 혁신학교로서의 8년 차를 맞이하며, 혁신교육을 실천하고자 하는 의지가 가득했다. 학교에 부임했을 당시 교직원 중 대부분이 새로 온 교사들이었지만, 기존 선생님들이 중심을 잡아주며 교육과정과 수업, 학생 생활 지도를 슬기롭게 이끌어갔다.

특히 코로나19로 어려운 상황 속에서 교사들은 신속하게 대응하며, 원격수업을 도입해 학생들의 학습권을 지켰다. 서로 협력하고 대처하며 교육 현장을 지켜낸 그들의 모습은 혁신학교의 정신을 보여

주는 본보기였다.

학생 자치와 자율성의 꽃을 피우다

학생들의 자치활동이 활발하게 이루어졌다. 수학여행, 체육대회, 청양시장 거리 공연 등 다양한 활동에서 학생들은 스스로 계획하고 실행하는 경험을 쌓았다. 특히 학생들이 주도적으로 동아리를 구성하고, 오디션을 통해 동아리 회원을 선정하는 모습은 매우 인상적이었다. 여학생 피구 동아리는 특히 기억에 남는다. 방과 후뿐만 아니라 주말과 방학 중에도 연습을 이어가던 학생들은 결국 충남 피구 대회에서 3위를 차지했다. 이들의 열정과 노력은 단순한 운동을 넘어, 학생들이 스스로 성장하는 과정 그 자체였다.

마을과 함께하는 교육의 가치

마을 교육공동체를 적극적으로 활용하며, 지역과의 연계를 통해 다양한 교육 프로그램을 운영했다. 세라믹 공예, 인절미 만들기 등 지역 사회와 협력한 체험 활동은 학생들에게 새로운 경험을 제공했다. 이를 통해 학생들은 지역사회의 일원으로서 책임감을 느끼고, 서로 협력하며 성장해 나갔다.

민주주의를 배우는 학생 자치

청양중학교는 민주주의의 가치를 학생 자치활동을 통해 실천했다. 학생들은 급식 순번제와 졸업여행 등 주요 사안을 놓고 직접 토론하고 결정했다. 급식 순번제 시행 당시에는 많은 반발이 있었지만, 학생들은 스스로 의견을 조율하고 합의를 이루어냈다. 이러한 경험을 통해 학생들은 민주주의의 본질을 배우고, 협력과 양보의 가치를 체득할 수 있었다.

새로운 도전에 대한 준비: IB 교육과정 도입

2022년, IB 교육과정을 도입하자는 논의가 시작되었고, 선생님들의 열정과 노력이 더해져 청양중학교는 2024년 IB 후보학교로 선정되었다. IB 교육과정은 학생들의 사고력을 확장시키고, 질문을 통해 스스로 답을 찾아가는 능력을 키우는 것을 목표로 한다. 이는 학생들을 단순한 지식의 수용자가 아닌, 창의적이고 비판적인 사고를 가진 미래 인재로 성장시키는 데 중요한 역할을 할 것이다.

마무리하며: 미래 교육을 향한 비전

혁신학교로서의 10년을 돌아보며, 우리는 많은 변화를 경험했다.

코로나19라는 위기 속에서도 교육 현장을 지켜내고, 학생들의 자율성과 창의성을 키우는 다양한 활동을 추진해왔다. 이제 우리는 미래 교육을 준비해야 할 시점에 있다. 디지털 교과서와 개별 맞춤형 교육과정이 도입될 2025년을 앞두고, 청양중학교는 계속해서 혁신을 이어나갈 것이다.

이제는 단순한 지식 전달을 넘어서, 학생들이 스스로 배우고 성장할 수 있는 환경을 만들어주는 것이 우리의 과제다. 혁신학교로서의 10년을 마무리하며, 우리 학생들이 미래 사회에서 필요한 역량을 갖추고, 사회의 일원으로 성장할 수 있도록 앞으로도 최선을 다할 것이다.

끝으로, 청양중학교의 발전에 함께해 준 모든 교사, 학생, 학부모들에게 진심으로 감사드리며, 앞으로도 함께 만들어갈 미래를 기대한다.

'아레테'로 키우는 혁신학교 꿈의 날개

정범순
(2013. 3. 1. ~ 2017. 2. 28. 교감)

'가장 위대한 발명품인 에디슨의 전구가 세상을 빛낼 수 있었던 이유는, 창의적인 사고와 끝없는 노력 덕분입니다.' 유명 생명회사 광고의 한 부분이다. 행복나눔이었던 혁신학교 역시 획일적인 공교육에서 창의적이고 자기주도적인 학습능력을 배양하는 맞춤형 학교, 적성과 미래를 탐색하며 변화를 통해 창의적 날개를 달아주는 학교, 가르치는 교육에서 배움 중심교육으로의 교실혁명을 이뤄내고, 학생들에게 꿈과 끼의 날개를 달아주는 학교로의 변화였다.

행복나눔의 새로운 이름인 혁신학교는 교육과정과 수업, 평가를 총체적으로 바꾸어 학생의 삶에 긍정적인 영향을 미치고, 민주적 자치공동체와 전문적 학습공동체에 의한 창의지성교육을 실현하는 공교육 혁신 모델학교로서 학생 모두에게 행복의 날개 즉 '아레테'를 키워주는 교육이다.

'아레테'란 사람이나 사물에 갖추어져 있는 탁월한 성질, 인간의 도덕적 탁월성 즉 주어진 상황에서 최선을 다하는 삶을 사는 것이자 자신의 삶을 우주의 질서에 맞게 연결시키며 사는 삶이다. 따라서 교사의 역할은 학생들로 하여금 자신의 존재 이유를 깨닫고, 도덕적으로 탁월한 삶을 살도록 깨우쳐주고, 공동체를 위해 무엇을 할 지를 고민하는 삶이 되도록 꿈의 날갯짓을 가르쳐 주는 것이라 할 수 있다.

10년 전 행복나눔과 창의적 날개 달기로 시작한 청양중학교의 혁신학교가 마무리 단계로 접어들었다. 학생들의 꿈을 키우고 미래를 디자인하는 행복나눔 플랫폼을 향한 두드림의 시작, 미래를 향한 창의적 날개를 다는 날의 시작, 가르치는 교육에서 배움중심 교육으로의 교육혁명의 시작이 이제 완성의 종착점인 참학력 신장과 공간혁신의 그린스마트 스쿨, 환경생태교육의 그린학교로의 플랫폼을 향하고 있다.

성장의 날개를 달아주던 십년 동안, 혁신학교를 거쳐 간 우리 아이들은 지금은 어떤 날개를 달고, 어떤 꿈을 향해 사회 속에서 날아다닐까? 가슴 한 구석을 적셔오는 아린 마음과 숙연하고 아련한 그리움과 성장의 굳건한 날개를 만들어 주지 못한 데 대한 죄스러운 반성의 편린들이 아프게 찔러온다.

비바람의 풍상 속에서 꺾이고 갈라지고 패인 상처를 보듬고, 자신만의 개성적인 자태로 우람하게 서 있는 고목들처럼, 우리 아이들도 세상 풍파 속에서 아프고 꺾이고 그러면서도 성장의 나이테를 키워가며, 꿈의 날개를 펄럭이며, 자신만의 꿈을 향해 날아 주기를 바라던 선생님들의 바람 즉 '아레테'로 키워 주웠던 혁신학교의 교육이 아니었을까?

오늘도 나는 응원한다. 꿈의 날개를 달고 어떻게 펼치고 어디를 향해 날 것인가를 고민하는 청양중 학생들과 '아레테'로 키우는 혁신학교 꿈의 날개를 위해 노력하는 청양중 교사들을.

혁신학교에 대한 생각

최언호
(2017. 3. 1. ~ 2020. 8. 31. 교감)

교권이 무너지고 공교육이 무너지고 있다는 뉴스가 하루도 빠짐없이 나오고 있다. 작년 서이초 사건 이후 학교는 더더욱 위태롭기만 하다. 그럼에도 불구하고 많은 학교의 선생님들은 한 명의 아이도 포기하지 않기 위해 교육의 힘을 믿고 애쓰고 있다. 앞에서 학교 현장을 위해 노력하는 많은 선생님들과 학교 사이에서 혁신학교가 중심을 잡고 있다.

혁신학교는 민주적 학교 운영 체제 구축, 전문적 학습 공동체 운영, 수업 나눔을 통한 교육과정과 수업 혁신이라는 큰 틀을 중심으로 운영된다. 먼저, 혁신학교는 학교의 비전부터 운영 계획, 실천, 평가까지 모든 부분에서 교사, 학생, 학부모, 지역이 함께 참여할 수 있는 민주적 학교 문화를 조성할 수 있다. 혁신학교를 통해 교육의 3주체가 교육의 중심으로 나서면서 학생들의 필요와 성장에 적합한 교육을 운영할 수 있다. 또한 민주적 분위기 속 구성원 간의 의사소통을 통해 교육의 방향과 내용을 보완하여 더 나은 교육과정을 운영할 수 있다.

다음으로 전문적 학습 공동체 운영이다. 교사들의 정체성과 역할을 확립하며 집단적, 자발적 배움을 이끌어 낸다. 전문적 학습 공동체에 참여하며 학생에 대한 정보, 교육과정 운영에 대한 성찰과 지식을 공유하며 지속 가능한 학교를 확립하는데 중요한 역할을 한다. 교사들에게 가장 힘이 되는 사람들은 단연코 함께하는 교사가 중요하다고 생각한다. 전문적 학습 공동체를 통해 자신의 성장과 심리적 위안을 받으며 교사들은 더 성장할 수 있다.

혁신학교는 학생들이 스스로 참여하고 만족도가 높은 학교가 된다. 학생 자치의 중요성은 점차 강조되고 있지만 실질적으로 많은 학교에서는 학생들의 참여가 어렵다. 하지만 혁신학교에서는 학생들이 주도하여 계획하고 준비하며, 선생님들은 격려와 도움으로 학교가 운영된다. 2022 교육과정에서는 학생 주도성이 중요함을 여러 번 강조하고 있다. 이를 실현 가능한 것이 바로 혁신학교이다. 혁신학교는 학생들이 성장할 수 있는 기회이자 발판이라고 생각한다.

마지막으로 학교 업무 최적화를 통해 업무를 덜어내고 교육에 집중할 수 있는 기회를 마련하리라 생각된다. 업무 중심이 아닌 교육 중심의 학교가 만들어지기 위해 업무의 간소화가 필요하고 교육지원청의 관심이 무엇보다 필요하다.

혁신학교는 교육 주체의 관심과 공동체가 함께해야 하는 큰 배다. 선생님들의 관심과 노력이 무엇보다 필요하다. 일이 많다고 생각하는 분도 많다고 들었다. 하지만 학생들의 성장과 꿈을 위해 혁신학교는 큰 역할을 할 것이고 교사들 또한 성장할 것이라 생각한다.

혁신학교 생활을 돌아보며

고정옥

(2020. 9. 1. ~ 2022. 2. 28. 교감)

　혁신학교는 학생들의 민주적 자치역량 강화와 교직원 간의 민주적 소통, 교육의 본질인 학생성장을 위한 수업 혁신에 중점을 주었던 것으로 기억에 남아 있다.

　첫째, 학생 민주 자치역량 강화 노력이다. 코로나 시기라 활동에 제약이 많았지만 학생 자치역량을 키워주기 위해 선생님들이 심사숙고하였다. 학생자치회가 중심이 되어 부서별로 캠페인 활동도 전개하였고, 리더십 캠프도 교내에서 실시하는 등 감염확산을 예방하면서 할 수 있는 한 최대한 학생회 주도로 행사를 진행할 수 있도록 지도하였다. 3년 동안 체육대회나 축제를 경험하지 못하면 자치역량이 손실될까 봐 3학년 학생들이 1학년 때 경험한 축제를 기억하면서 축제와 체육대회의 장을 펼침으로써 경험이 없었던 1, 2학년 학생들에게 축제를 준비하는 과정에서의 자치역량을 배울 수 있도록 해주었다. 축제 전에 코로나 예방백신을 접종하게 하고 접종을 하지 않은 학생은 전날 보건소에 가서 감염병 검사를 실시하여 감염이 확산되지 않도록 최선의 노력을 다했던 기억이 생생하다. 체육대회도 코로나 확산을 막기 위해 운영의 묘를 살려 소규모로 학년 체육대회를 개최하여 학생들이 2년 만에 처음으로 모여서 체육활동을 할 수 있었다. 다른 학교에서는 하지 않았는데 학생들의 성장을 우선시하는 청양중만의 용기와 도전이었다.

둘째, 민주적 협의 문화가 인상적이었다. 비난하지 않기, 경청하기, 협의 과정에서 결론이 안 나면 업무담당자가 최종 결정하기, 회의 시간에 참여자 전체에게 발언 기회를 똑같이 주기 등이 인상적이었다. 교육과정 만들기 주간을 알차게 준비하여 구성원들의 의견을 모으고, 또한 좋았다고 교사들이 표현한 것 중 하나에 자신의 교과를 소개하면서 올해 자신이 교과수업을 어떻게 진행할 것인지? 또한 융합수업의 의사가 있으니 같이 해보자고 제안하는 내용 등 수업 성장을 위한 전학공의 의미도 있었다.

셋째, 수업 혁신을 위한 전문적 학습공동체의 운영이 잘 이루어졌다. 몇 개의 전학공으로 구성하여 원격수업에 필요한 수업모형이나 도구를 다룰 수 있도록 도움을 줌으로써 코로나 상황에서의 원격수업이 원활하게 진행되는데 큰 역할을 해주었다.

이러한 혁신학교에서의 교감으로서의 경험이 교장으로서 학교를 경영하는 데 도움이 되고 있다.

수평적 학교 문화를 통한 민주적 학교 운영

김미숙

(2022. 3. 1. ~ 2023. 8. 31. 교감)

내가 청양중에서 교감으로 근무한 기간은 2022년 3월 1일부터 2023년 8월 31일까지 1년 반이다. 수직적 학교문화에 대한 반감을 가지고 있던 나는 새로운 학교문화를 선도해 나가고 있는 혁신학교에 근무해 보고 싶다는 생각을 가지고 있었다. 그런데 2022학년도에 혁신학교인 청양중에 근무할 수 있는 기회가 주어졌다. 1년 반 짧은 기간 동안이었지만 혁신학교 8~9년차인 학교에 근무하며 혁신학교로서 앞서가고 있는 청양중의 다양한 모습을 경험할 수 있었다.

함께 설계하는 교육과정

2022년 2월 새로운 학교문화에 대한 기대감과 새로운 학교에 대한 설렘을 가지고 청양중 교육과정 함께 만들기 주간에 참여했다. 그런데 조금 달랐다. 수평적 구도 속에서 모두가 둘러 앉아 자기 소개를 하고, 핵심 키워드로 접근하여 모두가 동의하는 학교 비전 세우기를 했다. 전 교원이 2022학년도 교육과정 운영 계획을 진지하게 논의하여 함께 운영의 기틀도 세우고, 전문적 학습공동체도 구성하여 각 공동체별로 연간 계획도 세웠다. 학교 운영 계획을 다함께 모여 진지하게 논의하는 경험은 새로웠다.

2023학년도에는 부장 워크숍을 먼저 한 후 이어서 교육과정 함께 만들기를 운영했다. 부장 워크숍에서 교육과정 함께 만들기 주간에 협의할 내용을 먼저 도출하여 2023학년도 운영의 큰 기틀을 잡았고, 교육과정 함께 만들기 주간에는 부장 워크숍에서 세워진 큰 틀을 바탕으로 좀 더 구체화된 협의를 진행하여 부서별로 계획을 수립했다. 수립된 계획을 각 부장들이 전 교원 앞에서 발표하는 시간을 가져 부서 간 이해도를 높이고 공감대를 넓혔다. 모두가 함께 2023학년도를 시작하는 시간이었다.

자율과 협력의 전문적 학습공동체

2022학년도에는 6개 공동체를 만들어 운영했는데, 15시간 특수분야 연수기관 지정 신청을 하여 월 1~2회 2시간씩 운영함으로써 내실을 기했다. 운영 계획은 공동체별로 협의하여 수립했으며, '수업 공개 및 수업 나눔, 독서 토론 및 인문학 기행' 등의 계획을 수립하고 실천하였다. 공동체명과 이끔이를 정하여 공동체별로 계획에 의거 자기주도적으로 활동하였다. 이끔이의 주도 하에 직위에 구애받지 않고 함께 대화하고 경험을 나눔으로써 많은 학습공동체가 서로 간에 공감대를 넓히고 협력적인 분위기를 조성할 수 있었다.

2023학년도에는 4개 공동체를 만들어 운영했는데, 학년 위주로 공동체를 구성하여 매월 둘째 주 수요일 오후에 활동하였다. 운영 계획은 공동체별로 협의하여 수립했으며, '학교자율특색과정 운영을 위한 융합 수업 계획 및 운영 사례 공유, 학생 생활 지도 방법 토의' 등의 계획을 세우고 실천하였다. 2023학년도에도 공동체명과 이끔이를 정하여 공동체별로 계획에 의거 자기주도적으로 활동하였다. 학년 위주로 구성된 학습공동체에서 학교자율특색과정을 협의하여 실천함으로써 학교자율특색과정이 더 효율적으로 운영될 수 있었다.

민주적이고 수평적인 학교 문화

그 당시 청양중 교무실은 수시로 시끌벅적했다. 학생들 지도하시는 선생님들과 학년 또는 업무 협의하시는 많은 선생님들로 여기저기 수런거리고 시끌시끌했다. 때때로 중앙 탁자에 교장 선생님까지 오셔서 '그린 스마트 미래학교의 모습', 'IB 학교 운영' 등에 대해 토의 토론을 하기도 했다. 자유로운 의사소통의 현장이었다. 이렇게 자유롭게 의견을 나눌 수 있었던 민주적이고 수평적인 학교 문화가 청양중이 하나가 되어 나아갈 수 있었던 원동력이었다고 생각한다.

청양중의 정기적인 회의는 매주 금요일 1교시에 실시한 기획회의와 매월 첫째 주 수요일 오후에 실시한 교직원 다모임이다. 기획 회의는 각 부서에서 실시할 계획에 대해 공유하고 논의하는 시간이었는데, 때때로 학교의 중요한 사항을 결정해야 할 때 기획회의를 통해 운영의 기틀을 잡았다. 기획회의에서 다양한 의견을 주고받다 보면 1교시만으로도 모자라 쉬는 시간까지 진행되는 경우가 많았다. 각 부장들이 부원들의 의견을 수렴하고, 기획회의에서 다양한 의견을 제시하고 서로 논의하여 결정하다 보니 단결력이 높아지고 교육과정 운영의 효율성이 높아졌다.

전 교직원이 함께 의견을 모으고 공유해야 할 사항이 있을 때는 매월 첫째 주 수요일 오후에 실시한 교직원 다모임을 이용했다. 혁신학교 8년 차인 2022학년도에 '혁신학교 2년을 추가로 더 신청할 것인지 말 것인지', 'IB 준비학교를 신청할 것인지 말 것인지' 등 전 교직원의 논의가 필요한 사항은 전 교직원 다모임을 통해 의견을 모으고 공감대를 형성했다.

소통을 통한 교육공동체와의 동행

학부모와의 소통은 교육과정 설명회 및 상담 주간, 각종 위원회 학부모 위원 구성 및 회의 참여, 학부모 드럼 동아리 및 평생 교육 프로그램 운영 등을 통하여 이루어졌다. 이를 통해 학부모와의 소통 기회를 늘리고 학부모가 학교 운영에 직간접적으로 참여할 수 있도록 하였다.

학생들은 학생회 활성화, 학생 다모임, 각종 위원회 학생위원 구성 및 회의 참여 등을 통하여 학교 운영에 직간접적으로 참여했다. 학기별로 학생 다모임을 통해 전체 학생들의 의견을 듣는 시간을 가졌다. 2023학년도 '학년별 급식 순서 문제'가 대두되었을 때는 전교생과 교장 및 관련 선생님들이 토의 토론하는 시간을 마련하여 전체 학생들을 설득하고 의견을 듣는 시간을 갖기도 했다.

2022학년도 말에는 학생·학부모·교원 대표가 참석하여 '앞으로 학교를 어떻게 운영해 나가야 하는지'에 대해 전반적으로 질문하고 토의·토론하는 '교육공동체 대토론회'를 실시하였다. 이 때 다양한 건의사항과 질의가 있었는데, 다음 학년도 운영 계획 수립 시 이 때 나온 의견을 적극 반영하였다.

학생회 활성화를 통한 자치역량 강화 및 민주시민 교육

혁신학교 8년 차였던 청양중에서 가장 활성화된 분야는 학생회였다. 학생회 구성 과정, 리더십 캠프, 각종 학생회 주관 학교 행사, 학생회 주관 모임 등을 통해 자치역량을 강화하고 민주시민 의식을 함양했다.

2023학년도 학생회장단 선출은 2022학년도 말에 실시하였다. 선거 공고부터 후보자 등록, 선거 운동, 후보자 정견 발표 및 토론, 투표 및 개표에 이르는 일련의 과정을 통해 투표 문화를 직·간접적으로 체험하게 함으로써 민주시민 의식을 함양하였다. 투표는 선거관리위원회에서 기표소 등을 빌려와 실제 국민 투표 현장과 똑같이 재현하였다. 학생회장단이 제시한 공약의 실현 가능성을 높이기 위해 교육과정 함께 만들기 주간에 학생회장단이 참여하여 발표하는 시간을 가져 다음 학년도 계획 수립에 학생회장단이 제시한 공약이 적극 반영되도록 하였다.

학생회 임원의 역량을 강화하기 위해 학기 초에 1박 2일로 리더십 캠프를 운영하기도 했다. 학생 인권과 리더로서 갖추어야 할 소양과 태도를 교육하고, 학생회 부서별 협의회를 통해 학기 중 운영 계획을 수립하도록 하였다. 수립된 계획을 부서별로 발표하여 학생회 임원들이 함께 공유하고 공감하는 시간을 가졌다. 이 계획은 한 학기 동안 학생회 활동의 기초가 되었다.

학생회 부서별 활동 중 가장 활발했던 것은 캠페인이었다. 2022학년도에는 월 2회 정도 실시하였는데, 아침 등교 시간을 이용하여 중앙 현관 앞에서 학생 등교맞이와 연계하여 실시하였다. 음악과 함께 학생회에서 준비한 각종 피켓과 플래카드를 이용하여 이목을 집중시켰고, 때때로 프린트물과 작은 기념품을 제공하거나, 퀴즈를 내어 푸는 학생들에게 작은 상품을 주는 등 다양한 이벤트도 실시하여 학생들의 실질적인 참여를 유도하고 캠페인의 효과를 높였다. 캠페인 내용은 '학교 폭력 및 안전 관련', '장애인의 날, 민주화 운동, 학생 독립 운동 기념일 등 각종 시사 계기 관련' 내용 등이었다. 학생회 임원들이 각종 피켓과 플래카드를 스스로 시간을 내어 만들고 행사를 주도함으로써 학생회의 자치 역량이 강화되었다.

학생회는 학생 다모임과 대의원회도 주관하여 운영하였다. 전교 학생이 다 모이는 학생 다 모임은 학기별로 실시하였으며, 이 모임을 통해 '학교생활 규정', '학생생활 자치 규약' 등을 논의하였다. 학생회 임원들이 모이는 대의원회는 각종 현안 사업이 있을 때 실시하였는데, 이 회의를 통해 학급회의 결과 의견을 수렴하고, 체육대회나 축제 등 학생회가 주관하여 운영하는 학교 행사를 기획하였다.

청양중에서 근무한 기간이 1년 반이라는 짧은 시간 동안이었지만 활발한 논의가 있는 수평적 학교 문화 속에서 열정과 지혜가 있는 교사들과 함께 근무할 수 있었음에 감사한다. 열정이 있고 창의적인 젊은 교사들과 노련함과 지혜가 있는 고경력 교사들이 수평적 학교 문화 속에서 함께 어울려 화음을 이루어 낸 뿌듯한 시간들이었다. 청양중 교직원이 이렇게 함께 갈 수 있었던 원동력인 수평적인 학교 문화가 가능했던 이유 중 가장 중요한 요인 중 하나는 교장 선생님이 권위적이지 않았기 때문이기도 하다. 교장 선생님은 권위를 내려놓으시고 교직원들에게 친근하게 먼저 말을 거시는 분이셨다.

행복한 학교를 꿈꾸다

임두빈

(2014. 3. 1. ~ 2020. 2. 28. 교사)

혁신학교, 시작은 어렵지 않았는데

칠갑산 맑은 하늘 아래에서 수십 년 만에 다시 남녀 공학으로 되돌아온 청양중학교. 2014년, 드디어 3개 학년 모두 남녀 혼합반이 되었지만 아직 평화로운 학생 문화가 자리잡지 못했던 시기였다. 게다가 학교의 규모뿐만 아니라 학급당 학생 수가 늘면서 학생과 교사의 행복지수는 내려가고 있었다.

충남에서도 혁신학교를 시작하겠다는 공문을 접수한 후 행복한 학교의 모습을 상상하며 물꼬를 텄다. 충남형 혁신학교인 행복나눔학교에 선정되고 대천의 밤바다에서 가슴 뛰는 일을 함께한다는 설렘과 두려움으로 전체 모임을 했던 2015년 2월 24일과 25일. '꿈·열정·도전의 행복나눔학교'를 비전으로 24명의 교원과 2명의 행정실 직원이 차분하게 첫해의 희망을 그려 보았다. 충남에서는 아무도 발을 디디지 않았던 혁신학교의 길이었기에 어떤 방향으로 어떻게 운영해야 하는지 막연했던 준비 시기. 답답했던 가슴을 희망으로 활짝 열어 준 두 명의 선생님들. 그리고 밤을 새워가며 열띤 논쟁을 벌였던 협의 시간. 지원받을 예산만큼 부담도 컸던 게 사실이었지만 더디더라도 올바른 걸음을 떼기로 합의하였다. 학교 교육의 3주체가 어울려 함께 가꾸는 행복한 학교를 그려 보며 구체적인 방안을 논의하였다. 민주적 협의 문화와 수업 전문성을 위한 교사 학습공동체 조직, 학생이 학교의 주인으로 우뚝 설 수 있도록 학생자치 활성화와 학생 중심의 방과후학교 운영 방법 개선, 학부모의 학교교육과정에 적극적인 참여를 중점 과제로 설정하였다. 청양중학교라는 공동체 안에서 모두가 평화롭고 즐겁게 생활할 행복나눔학교는 불꽃처럼 뜨겁게 시작되었다.

따뜻한 관계가 민주적 협의 문화로!

청양중학교는 예로부터 교사들 대부분이 칠갑산을 넘어 공주에서 출퇴근하던 곳이었다. 그런데 학교의 규모가 커지면서 신규 교사들이 발령받기 시작하였다. 경력이 많은 교사들조차 버거워하던 수업 혁신에 새내기 교사들이 생기와 활력을 넣어주었다. 특히 경력이 많은 선배 교사들이 교무실 분위기를 따뜻한 관계로 가꾸어갔다. 교무실 한가운데 원탁에 제철 과일이나 빵과 같이 늘 먹을 게 놓여 있는 아침 시간. 아침밥을 먹고 오지 않았던 새내기 교사들에게 마음의 정을 담아주었던 선배들이 있었다. 또한 교사 간의 관계와 문화를 행복한 웃음으로 시작하기 위해 번개 모임 형태로 실시했던 드레스 코드 맞추기. 선생님 한 명이 출근 때 입을 옷의 색깔을 미리 지정하면 다른 선생님들은 즐겁게 동참하는 교직원 간의 약속이었다. 언젠가는 노란색 옷을 입고 출근하기로 약속했는데 깜빡 잊은 선생님들이 웃옷에 노란 포스트잇을 붙이거나 파일을 들고 와서 당당하게 기념 사진을 찍었던 추억이 생생하다.

이런 친근한 관계가 힘이 되어 행복나눔학교 4년차에는 말 많고 탈 많은 업무분장을 모든 교사들이 함께 모여 배려와 존중의 마음으로 실시하였다. 새롭게 부임해 온 교사들에게 어려운 업무를 떠넘기지 않고, 교사 개개인의 역량과 개인 사정, 선호도를 서로 공유하면서 민주적이고 투명하게 업무를 나누는 성과를 만들어 냈다. 이런 협의 과정과 결과를 교장과 교감 선생님이 적극적으로 수용하면서 수평적이고 민주적인 교원 문화가 자리잡게 되었다.

교육의 본질은 무엇일까?

출근과 함께 시작되는 교사의 업무. 차 한 잔 마시면서 마음의 여유를 갖고 싶지만 어느 순간 손가락은 자연스럽게 컴퓨터 자판에 올라가 있지 않은가? 교사는 아이들과 함께하는 수업 속에서 행복을 느껴야 하는데 그렇지 못한 게 현실이었다. 또한 '한 명의 아이도 포기하지 않는다.'라는 원칙에 합의하고 학생들도 학교 수업에서 행복을 찾을 수 있도록 노력하기 시작했다. 가장 먼저 고민하고 실천한 게 학교 교육과정에서 교육적이지 못하거나 효과가 없는 것들을 빼는 작업이었다. 학생들과 교사들의 의견을 물어 가장 빼야 할 게 무엇인지 확인해 보니 교과 방과후학교였다. 정상적인 일과 운영 후 문제풀이식의 교과 방과후가 또다시 연장되다 보니 학생들의 학습에 대한 집중도와 만족도는 낮아질 수밖에 없었다. 또한 수업 속에서 학생들과 함께하는 행복을 느껴야 할 교사들도 지쳐갈 수밖에 없는 구조였다. 당시에 앎과 삶이 일치하는 참학력을 내걸었던 충남교육청의 방침도 있었기에 교원들은 과감히 빼기 작업을 할 수 있었다. 학생들 스스로 요구하여 개설하는 방과후학교의 문을 열게 되었다. 학생들의 꿈과 끼를 살릴 수 있는 특기와 적성에 적합한 방과후학교가 개설되면서 아이들은 즐겁고 기쁘게 참여하였다. 특히 자율동아리와 연계하여 외부의 전문 강사들을 초빙하여 다채로운 방과후학교를 개설할 수 있었다. 에너지가 넘치는 남학생들에겐 체육 선생님이 중심이 되어 축구반을, 음악에 재능이 있었던 학생들은 밴드반과 풍물반, 그리고 현악기 연주반 등을 요청하였다. 반대로 조용하지만 꼼꼼한 여학생들 중심으로 다양한 공예반 요청이 들어와서 모두 개설해주었다.

변화를 꿈꾸는 선생님들이 대부분이었지만 수동적으로 바라보시던 선생님도 계셨다. 하지만 학생들 얼굴에서 차츰 배움이 즐겁다는 표정이 드러나고, 선생님들도 마음의 여유가 생기면서 장벽이 사라질 수 있었다. 학교 교육과정이 학생 중심으로 되돌아가자 학교가 달라졌다. 변화와 함께 학생들은 스스로 성장하고 교사들의 만족감도 높아지기 시작하였다. 모두가 행복한 얼굴을 찾기 시작한 것이다.

더디지만 해야 할 수업 혁신

일상수업 공개에 대한 두려움과 거부하고 싶은 마음. 모든 교사들이 드러내지 않지만 내적으로 느끼는 압박감을 갖고 있었다. 교사이기에 마땅히 동참해야 할 수업에 대한 고민과 실천. 하지만 교사 개개인에게 학생이 주체가 되는 배움중심수업으로 바꿔 달라고, 기존의 일제식 수업에서 참여와 활동 중심의 수업으로 개선해 보자고 요청해 보았지만 커다란 장벽이 가로막고 있었다. 교사들이 몰라서 실천하지 않는 게 아니라 수업을 혼자서 고민해 왔기 때문에 수업공개와 수업나눔의 경험이 부재했던 것이다. 혼자만의 수업에서 벗어나 교사들이 함께 수업을 설계하고 준비하기로 하였다. 처음으로 교육과정 재구성을 통한 주제 중심의 융합수업을 실시하기로 마음 먹고 준비했던 체험학습 주간. 3학년들은 남해안으로 수학여행을 가기로 했는데 현장에서 경험하거나 질문할 수 있는 자료를 한데 모아 학습 및 활동 책자를 제작하였다. 국어, 영어, 미술, 과학, 사회, 역사, 기술·가정 등이 함께 고민한 첫 번째 주제통합수업의 기반을 닦을 수 있었다. 어렵게 여겼던 교과 간 교육과정 재구성을 자유학기 때도 실천해 보았는데 김홍도의 '씨름도'를 중심으로 인문학적 소양교육에 적용해 보았다. '인간과 삶에 대한 성찰'을 주제로 국어, 미술, 수학, 역사, 기술·가정 등에서 한두 시간씩 수업을 진행했다. 이후 행복나눈학교 3년차에는 3학년 학생들이 모두 참여한 '창작 뮤지컬 공연'까지 실시할 수 있었다. 영화관이 없었던 청양 지역에서 마을교사와 함께 운영했던 3개월 간의 프로젝트 수업이 3학년 학생들에게 성취감과 자신감을 주었던 소중한 시간이었다. 특히 나만의 수업이 아닌 함께 준비해서 동료교사의 어려움도 이해하고, 같은 주제로 수행평가를 계획하여 학생들의 학습량과 부담을 줄여줄 수 있었던 소중한 교직 경험이 되었다.

하지만 교과 이기주의가 존재하는 중학교. 학교혁신의 중심이 되어야 할 실질적인 수업나눔은 험난한 과정을 겪어야 했다. 동료 교사에 대한 신뢰와 존중을 바탕으로 수업에서도 협력 관계가 형성되어야 하지만 수업 공개부터 어려움에 부딪혔다. 경력이 많은 교사들은 배움중심수업의 철학에 동의는 하지만 자신만의 익숙한 수업에서 벗어날 수 없었기 때문이었다. 또한 교사 학습공동체와 연계하여 수업 설계와 공유, 수업 참관 및 수업나눔, 이와 함께 평가에 대한 성찰을 지속적으로 전개하려고 했으나 일상수업공개와 수업나눔에 대한 합의가 이루어지지 않아 반쪽의 성공에 머무를 수밖에 없었다. 그래도 인근의 초등학교 교사들과 함께 수업나눔을 진행하여 수업 속에서 아이들의 성장 과정을 공유할 수 있는 계기를 마련할 수 있었다.

학생자치와 함께 학부모들도!

청양중학교의 학교혁신은 체계적이고 자발적인 학생자치로부터 힘을 얻어 튼실한 열매를 맺을 수 있었다. 또한 학생자치 초기부터 탄탄하게 자리 잡을 수 있도록 도와준 학부모회와 지역사회의 도움도 주요했다. 경쟁 중심의 학교가 아닌 협력과 존중의 학교 문화를 학생회 스스로 가꾸어간 행복나눔학교 초창기를 소개해 본다.

남녀 공학으로 완전하게 자리잡았던 2015년. 2014년 혁신학교를 준비하는 과정에서 학생자치의 필요성을 고민하면서 학기 말에 학생회장과 부회장, 그리고 각 부서의 부장들을 12월에 미리 선출하였다. 겨울방학 기간에 학생회 리더십 캠프를 마련하여 한 해 동안의 학생회 운영에 대한 큰 그림을 그려 보았다. 경기도에서 학생들의 직접적인 학생회 참여와 민주적 운영에 이바지한 다모임을 도입하여 지속적으로 운영하였다. 기존엔 학생자치를 담당하는 교사가 주도했다면 이젠 학생회장과 임원들이 준비하여 운영하게 된 다양한 학교 행사들. 입학식, 체육한마당, 축제 등 규모 있는 행사들을 기획부터 운영까지 학생회에서 맡게 되면서 학생자치의 틀을 자연스럽게 갖추어 갈 수 있었다. 특히 창의적 체험활동 동아리와 자율동아리를 통합하여 다양한 주제와 내용으로 운영하면서 학생들의 자발성이 높아졌다. 특기와 재능을 살리는 방과후학교와 연계하여 끼를 살리게 되자 학생들의 얼굴에 미소가 가득해졌다. 가장 먼저 한 실천이 낡은 학교의 벽에 마을교사와 함께 벽화를 그린 작업이었다. 산뜻한 학교 환경의 변화를 직접 이끌어낸 힘으로 학생들은 좀 더 넓게 마을까지 영향력을 확장시켰다. 끼와 꿈을 살린 동아리 활동이 지역의 각종 행사에 초대를 받아 봉사활동으로 연결되자 마을교육공동체로 성장할 수 있는 계기가 되었다. 짧은 점심시간, 빨리 밥을 먹고 트럭에 악기를 실어 노인 어르신들이 국수를 드시는 공터에서 멋진 연주를 했던 밴드반, 사물놀이반, 현악반. 어른 들게 칭찬을 받아서 좋고 국수도 덤으로 먹을 수 있어서 좋았다는 예능 동아리 학생들의 행복한 얼굴이 떠오른다.

학생들이 즐겁게 기획하여 참여했던 활동들도 있었다. 생명 존중을 실천하자며 학교 빈터에 토끼집을 만들어 풀을 베어다 길렀던 토끼들, 넓은 학교 텃밭에 모든 학생들과 교직원이 함께 심어 가꾸었던 고구마. 여기에 학부모님이 기부한 큼지막한 무를 학부모님들과 깨끗이 씻어서 김장을 담가 마을의 독거노인들께 드렸던 봉사활동. 체육한마당 때 먹거리 장터를 만들어서 아이들의 풍족한 하루를 가꾸어준 학부모회 활동, 학기별 2회 이상 저녁 모임에 즐겁게 참여하여 우리 아이들의 성장과 발달을 함께 고민했던 학부모회의 공예 교실, 학생과 학부모, 지역주민들과 함께 군산, 전주, 광주길로 떠났던 가을여행. 교육공동체가 함께 얼굴을 마주 보고 즐겁고 넉넉한 웃음으로 생활했던 행복나눔학교 초창기였다.

정책으로 시작했지만!

유행처럼 번졌다가 불씨만 남긴 채 사그라드는 듯한 혁신학교 정책. 충남형 혁신학교의 초창기였던 행복나눔학교 4년, 학교의 전반적인 혁신을 고민하고 실천하려 했던 소수의 리더 교사들에게 머무르지 않았나 성찰해 본다. 정책으로 시작되었더라도 진행 단계에서 문화화 과정을 거쳐 학교의 일상으로 자리 잡지 못한 아쉬움이 남아 있다. 청양중학교의 행복나눔학교 4년도 마찬가지다. 학생들의 자율적인 자치 문화는 선순환적 학생자치 문화로 성장과 발달은 하고 있으나 교사 문화는 그렇지 못한 게 현실이었다. 상호 불간섭 논리와 고립화는 여전히 학교혁신을 가로막는 교사 문화가 아닐까? 구성원 전체의 학교혁신에 대한 철학적 공유가 부족한 상태에서 소수의 활동가를 중심으로 학교혁신의 과정이 진행되었던 게 초창기 모습이었다. 학교혁신을 추진해 갈 동력이 쉽게 소진될 수밖에 없는 구조였고, 순환 근무의 공립학교 특성상 리더 그룹의 지속적 확보가 어려웠다. 하지만 학교 일상에서 민주적인 학교 공동체를 구현할 수 있었던 기틀을 마련할 수 있었고, 혁신학교 경험을 축적한 교사들이 일반 학교로 전근 가서 학교 전반의 혁신의 물꼬를 텄다는 긍정적인 영향력을 인정해야 한다.

혁신학교 1년차 행복했던 어울림

유영훈
(2014. 3. 1. ~ 2016. 2. 28. 교사)

2015년! 청양중학교 혁신학교 1년차!

벌써 10년의 세월이 지났다.

진로 진학 상담 교사 3년차인 제게는 아주 행복한 1년이었다.

1학년 학생들과 함께하는 마을공동체 교육기관 연계 진로 체험활동으로, 산림청 항공관리소에서 기장과 항공기 수리 기술자의 직업 관련 교육과 체험을 시작으로 해맞이 목장에서 산양유 직접 짜보기와 산양유 비누 만들기 체험 등을 다닐 때, 즐겁게 활동하던 학생들과 항상 함께하며 사제동행의 모범이 되어 주시던 교감 선생님의 모습이 너무 좋았다.

학교 축제 때 학생들과의 하나 되는 어울림을 위해 급조된 교사 밴드동아리 활동으로 학생들에게는 기쁨을 주고, 교사들은 뿌듯한 마음의 추억을 가졌던 시간 들이 지금도 기분 좋은 추억으로 생생하게 떠오른다.

수화반 동아리를 운영하며 특수학급 동아리와 통합활동으로 수화 배우기, 우산성 등반하기 등 함께하며 어울리는 놀이의 시간에 너와 내가 다르지 않다는 생각들을 익히고, 학교 축제 무대에서 함께 수화 노래 부르기 발표까지 해내며 즐거운 학교생활을 했다. 이런 활동들이 혁신학교를 지향하며 운영해 나가시던 선생님들과 학생들의 도움으로 잘 이루어지고 한해를 재미있게 지낼 수 있었다.

좋은 추억의 청양중학교. 고마워요.

나의 첫 학교, 청양중학교, 그리고 혁신학교

박혜송
(2015. 3. 1. ~ 2019. 2. 28. 교사)

    2015년 나는 임용에 합격했다는 기쁨을 마음껏 누릴 시간도 없이 발령학교인 청양중학교 교육과정 만들기 주간에 참석하였다. 보령의 임해수련원에서 1박 2일로 진행되었다. 떨리는 마음으로 선생님들께 인사하였고 연령대는 극과 극이었다. 젊은 선생님들과 나이가 지긋하신 선생님들이었다. 연수내용은 대략 '혁신학교를 시작하는 한해이니 열심히 해보자!'인 것 같았다. 이렇게 내 혁신학교 생활은 시작되었다.

    2015년은 신규교사로서의 첫해로 학교에서 수업하고 일하기도 바빴다. 하지만, 경력이 많은 분들이 멘토로 많이 도와주시고 챙겨주셨다. 그래서인지 빠르게 학교생활에 적응했고 다음 해인 2016년부터 나도 혁신학교의 일원으로서 다양한 수업 활동을 할 수 있는 힘을 얻었다. 주로 융합 수업을 많이 했으며 미술과 학급음악회를 시작으로 다양한 프로젝트 수업을 했다. 아이들과 함께하는 수업이라는 말이 어울리는 수업이었다. 모든 과정이 배움이고 평가이며 타인과 소통하는 법을 배우는 시간이었다. 지금도 나는 아이들과 학급음악회 수업을 한다.

 2017년은 더 용기를 얻어 미술과, 음악과, 체육과, 국어과와 함께 뮤지컬 만들기 프로젝트 수업을 계획하여 발표하였다. 중3 아이들과 했던 프로젝트 수업이다. 당시 중3은 중1 때부터 사고뭉치에 활달하기로 유명한 아이들이었다. 첫 발령을 받았던 2015년, 이 학생들이 중1일 때, 컵타로 컨설팅 장학 수업을 했다. 처음에는 잘하는 듯싶다가 아이들이 컵을 드는 순간 공개 수업은 말 그대로 난장판이 되었다. 뒤에 다른 선생님들이 있건 없건 신나게 두드리고 컵을 깨고, 싸우고, 나는 한동안 학교에서 고개를 못 들고 다닐 정도로 지우고 싶은 기억을 남겨준 아이들이다. 그런 학생들에게 이 수업은 하나의 에너지 방출구 역할을 했다. 자신을 드러내기 좋아하던 아이들은 준비 과정과 공연 당시 무대 위에서 처음 날갯짓하는 어린 새들처럼 너무 즐거워했고 잘 해냈다. 나 또한 수업을 준비하고 진행하는 과정에서 자신감을 얻었고 아이들로부터 힘을 많이 얻었다. 2018년에는 미술과와 뮤직비디오 만들기 수업을 하는 등 청양중에서의 기억은 나의 교직 생활 중 제일 도전적이었던 기간이었다.

 다양한 수업을 계획하고 학생들과 함께할 수 있었던 건 동료 교사들과의 관계, 그리고 믿음, 지지였다. 경력이 많은 선생님께서는 아는 것을 최대한 알려주려고 하셨고 나와 같은 저경력 교사들을 귀여워하셨다. 그래서인지 실수해도 잘했다고 해 주시는 그런 가족 같은 분위기였다. 내 또래의 교사들은 지금도 1년에 두어 번 정도 만날 정도로 가깝게 지낸다. 소심한 성격을 가진 내가 적극적일 수 있었던 이유는 동료 교사들과의 관계, 그리고 지지가 있었기에 가능했다. 지금도 이때가 그리울 때가 있다.

혁신학교 10년 차인 청양중학교가 혁신학교의 좋은 성공 사례가 될 만큼 학생 자치뿐만 아니라 수업 측면에서도 체계가 잡혀있는 건 그동안 교사들의 노력이 녹아들었기 때문이라고 생각한다. 앞으로도 혁신학교 우수사례가 될 학교로서의 청양중학교를 응원한다.

스스로 사고하고 실천하는 교육공동체

안수현

(2015. 3. 1. ~ 2019. 2. 28. 교사)

2015년 2월, 파견 근무가 끝나고 학교로 돌아가려던 찰나에, 청양중학교 교장 선생님으로부터 연락이 왔다. 통화의 내용은 청양중학교가 혁신학교이니 같이 해 줄 수 있냐는 것이었다. 그때는 혁신학교가 무엇인지 잘 모르던 때였고, 그냥 연구학교의 한 가지 종류이겠거니 생각하며 '네! 네! 할게요.' 라고 대답하였다.

학기 첫날 출근을 해 보니 파견 근무 전 있었던 학교와는 다르게 학급당 학생 수가 30명 이하로 줄어 있었다. 그것 말고도 다른 학교에는 없는 혁신 업무를 담당한 교사가 있었으며, 매주 수요일 아이들이 모두 집에 돌아가고 난 이후 7교시에 전 교사가 한 자리에 모여 했던 교사 학습공동체도 눈에 띄는 점이었다. 또한 청양중학교에 혁신학교라고 특별히 내려진 예산이 있어, 담당 과목인 미술 교과의 부족한 예산을 보충할 든든한 지원책으로 생각할 수 있었다.

혁신학교인 청양중학교에는 총 4년간 있었지만, 첫해는 방관적 참여자였다. 학교에 넘치는 애정을 갖고 너무나 열정적으로 이리저리 바쁘게 움직이고 있는 혁신 담당 부장님이 가끔 부탁하는 것들을 겨우 해내는 정도였다. 2년 동안은 한 걸음 멀리 떨어져서 학교가 움직이는 것을 지켜보며, 가끔 참여자의 관점에서 담당자가 계획한 일을 수동적으로 해내는 수준으로 지냈다. 다 펼쳐놓은 판에 올라가 눈앞에 놓여진, 주로 '하라는 것'들을 해내는 정도였다.

이 시기를 돌이켜 보면 매주 수요일에 전 교사가 도서관에 모여서 진행했던 교사학습공동체 -한 공간에 모일 수 있는 교사 인원 덕분에- 가 가장 인상적인 활동이었다. 교사로서 해가 거듭될수록 내 수업에 대해 피드백을 받을 수 없다는 것이 가장 어려웠다. 경력이 쌓일수록 교수·학습에서 전문가가 되어야 하지만, 내가 과연 수업을 잘 하고 있는지에 대한 고민은 주로 혼자서 풀어내야 할 숙제였다. 매년 의무적인 정책으로 공개 수업을 하지만, 그마저도 형식에 그치는 경우가 대부분이었고, 공개 수업 담당 교사가 되는 것은 모두가 꺼려하는 일이었다. 공개 수업을 하고 나면 교수·학습방법에 대한 사후 평가가 이루어지지만, 실제 필요한 수업에 대한 반성적 성찰과 개선 방법을 논하기에는 부족함이 있다.

하지만 다 함께 모이는 교사학습공동체에서 수업에 대한 이야기를 조금씩 늘어놓을 수 있었다. 여기에서는 다른 교과 선생님들과 마음을 터 놓고 수업에 대한 이야기를 자유롭게 했다. 이야기를 하다 보니 다른 교과에서 비슷한 수업의 내용을 발견하게 되었고, 이러한 내용을 같은 시기나 활동으로 학생들에게 풀어 나가려는 시도를 하며 자연스럽게 교과 융합 수업을 할 수 있었다. 자연스럽게 자신의 수업을 개방하는 공개 수업이 이루어진 것이다. 다른 교과 선생님들과 이야기를 나누며, 무모한 도전의 하나였던 미술, 음악의 뮤지컬 수업, 학급 음악회 그리고 기술·가정과와 융합했던 발명품 만들기를 과감하게 시도했고 같이 해냈다. 미술의 특성상 다른 교과와 통합하여 수업할 수 있는 요소가 많았고, 같이 해보기를 원하는 선생님이 있으면 주저하지 않고 도전하였다. 이러한 교육 활동들은 점점 혁신학교에 대한 방관적 참여자가 아닌 핵심 교사로 변화하게 된 계기였다.

 혁신학교 지정 4년차, 혁신학교를 열고 이끌어갔던 선생님이 다른 학교로 전보를 가게 되었다. 다음 담당자를 정해야 하는 상황이었는데, 3년간의 경험과 활동이 있었던 나에게 그 차례가 돌아왔다. 막대한 책임감과 중압감이 들면서 과연 어떻게 해야 할까? 걱정도 많았지만, '그동안 하던 대로 해 보자, 할 수 있는 것은 겁내지 말고 시도하자.'라는 단순한 마음가짐으로 부딪혔다. 다행히 그동안 함께했던 동료 교사들과 '했던 만큼', '하던 대로' 하니 자꾸 새로운 기회가 왔다. 기존에 해왔던 방식이란 무엇인가 특별하고 새로운 것을 찾아가는 것이 아니라, 당장 우리 학교 아이들에게 필요한 것을 생각해보고, 겁내지 말고 작은 것에서부터 당장 시작하는 것이다.

 학교는 점점 학생이 주인이 되어가고 있었으며, 학생들이 행복하게 다니고 싶은 학교로 변했다. 학생들이 중심이 되어 스스로 움직이고 변화하는 학교를 이루기 위해 학생 자치 활동에 힘을 실어주었다. 청양중학교 학생회는 교사들이 계획한 것에 수동적으로 참여하는 형태가 아니었다. 자발성을 바탕으로 그들이 실현하고자 하는 가치와 목표를 이루기 위해 다 같이 고민하고 실천하며 해결책을 찾기 위해 너무나 열정적으로 움직였다. 말 그대로 살아있는 학생 자치였다. 아이들에게 직접 권한과 책임을 부여하니, 교사 주도의 학생회보다 질서 있는 모습으로 행동하며, 투철한 주인의식을 가졌다. 학생회 아이들과 학교의 교육과정과 일정, 학교 행사를 직접 상의하며 학생 중심으로 움직이는 학교를 만들었다. 이러한 과정을 가까이에서 겪어보니, 이들은 10대 어린 중학생들이라고는 할 수 없을 만큼 많이 성장하고 또 커나갔다. 과연 아이들이 할 수 있을까 생각했던 것들을 묵묵히 해내는 모습을 보고 있자면, 마음 한쪽에서 크고 묵직한 감동이 밀려왔다.

각자 개인이 갖고 있는 특성을 계발하기 위한 동아리 활동을 활성화한다는 점도 청양중학교 혁신학교의 큰 특징 중 하나였다. 방송, 미술, 음악, 체육 등 각 분야에서 동아리가 구성되었다. 특히 음악 동아리 학생은 길거리 공연도 했었다. 청양 읍내 시장 안에 있는 무대로 각종 악기와 학생들이 이동하여 그동안 갈고 닦은 노래와 춤, 악기로 멋진 공연을 만들었다. 몇십 명이나 되는 학생들과 그 많은 악기들을 복잡한 시장 안으로 옮기는 것은 쉽지 않은 일이다. 하지만 이것을 오로지 혼자 도맡아 해내지 않았다. 일정이 가능한 선생님들이 서로 협력하여 아이들의 이동을 안전하게 도와주었고, 거리에서 멋진 공연을 한 다음 무사히 귀가를 책임졌다. 또 청양에서 오래 거주하시던, 나이가 지긋하신 선생님께서 군청과 직접 연락을 해가며 아이들의 길거리 공연을 할 수 있도록 일정을 직접 계획했고, 연락도 도맡아 해 주셨다. 너도나도 자발적으로 길거리 공연을 도왔다. 당시 매체에서 화제가 되었던 길거리 공연을 우리 학교 학생들이 직접 해냈다는 점이 너무 기특하고 멋있었다.

　혁신학교를 하며 정말 기억에 남는 일 중 하나는 학급 음악회 공연에서 평소 친구들과 잘 어울리지 않았던 학생의 무대였다. 개성이 강한 성격이라 과연 반 전체가 다 함께 무대를 이루는 학급 음악회에 협조적으로 참여할 수 있을까 라는 걱정이 많았다. 하지만, 불안했던 마음은 이내 사라졌다. 그 학생은 손수 꾸미고 가꾼 교실의 학급 무대에서 평소 갖고 있었던 예쁜 목소리로 한껏 노래 솜씨를 멋지게 뽐냈다. 무대 위에서 긴장하기도 했지만, 그래도 훌륭히 공연해 냈고 모두의 박수와 환호성을 받았다. 2년간 담임도 했던 터라 잘 알고 있던 그 친구가 멋지게 성장한 모습을 직접 지켜보니 가슴 한편이 뭉클하고 두근거렸다. 한 사람이 가진 능력과 장점을 그냥 두고 보는 것이 아니라, 이 특기를 어떻게 발현하고 살릴 수 있을지 고민하고 성찰하며 구성원 모두가 함께 해낸 결과이다.

　다양한 연령대의 교사로 구성된 청양중학교가 혁신학교를 하기에는 조금 어려울 것이라는 생각이 지배적이었다. 말 잘 듣는 젊은 연령층의 저경력 교사만 참여하고, 고경력 교사들은 그냥 다른 사람 일처럼 바라볼 것이라는 걱정도 있었다. 그러나 청양중학교 혁신학교는 각각의 구성원이 각자의 자리에서 묵묵히 자신의 역할을 해냈다. 각기 다른 모습을 갖고 있지만, 그것이 혁신학교라는 하나의 큰 목표을 이루기 위한 자양분이기도 하다. 개인이 가진 강점을 최대한 살려 서로 도와주고 협력하며 진정으로 청양중학교가 필요로 하는, 살아있는 학교의 모습을 만들기 위해 도전하고 움직였다.

　혁신학교의 가장 큰 특징은 특별한 방법과 규칙이 없다는 것이다.

교육부나 지원청에서 미리 정해진 정책을 실행하기보다는, 학교가 처한 환경과 상황에 따라 계획을 세우고 실행해 나간다. 각각의 학교가 가진 강점과 약점을 파악하고 교육공동체가 고민하고 의견을 나누며 만들어 나갈 수 있다는 점이 큰 장점이다. 그렇기 때문에 무엇보다 구성원의 자발적인 참여를 최우선으로 한다. 내가 겪은 청양중의 혁신학교는 시간이 지날수록 이러한 모습이 점점 만들어지고 있었다. 해가 갈수록 필요한 것을 스스로 찾아 반성하고 사고하며 실천하는 모습을 보였다.

2015년에 시작한 청양중학교의 혁신학교가 어느덧 10년이 되었다. 결코 쉽지 않은 길이지만 혁신학교의 성공 여부는 단 하나, 학생과 교사 모두가 행복한 학교로 느끼며 생활하는 것이라고 생각한다. 다른 것은 몰라도 이 한 가지를 본다면, 혁신학교로서 청양중학교는 점점 올바른 방향으로 나아가고 있으며 바람직하게 성장해 나가고 있는 것이다.

아름다운 기억, 청양중학교

이향미

(2017. 3. 1. ~ 2020. 2. 29. 교사)

　2017년, 청양에 발령을 받고 처음엔 굉장히 당황스러웠다. 아무 연고도 없는 곳에 발령이 나서 출퇴근길을 걱정하며, 첫 출근을 했던 날이 생생하게 떠오른다. 그러나 이제 청양중학교는 나의 첫 혁신학교, 첫 학년부장, 첫 연극동아리 등 교사로서 처음 경험하는 새로운 추억이 가득한 곳이다. 학교생활을 통해 혁신학교의 비전과 그 가치를 몸소 체험하며, 교사로서 진정한 행복을 느끼며 근무하였다.

　교육과정을 운영하며 교육과정-수업-평가-기록의 일체화와 다른 교과와의 융합수업에 대해 끊임없이 대화하며 고민했던 것, 민주적인 학교문화 조성으로 학생들의 자치활동을 적극 지원하여 학교와 지역의 변화를 이끌어 내는 것을 직접 눈으로 보며 나는 학생들과 우리 충남교육의 무한한 가능성을 보았다.

　연극동아리를 운영하며 아이들과 연극대본도 써보고 어설프게 같이 연기도 했던 기억, 떨리는 연극무대를 통해 아이들과 함께 다양한 경험을 한 기억, 학년부장으로 학생들과 다양한 진로 체험을 해보며 아이들과 함께 고민해 본 기억. 모든 것이 나의 교직생활의 탄탄한 밑거름이 되었다.

단언컨대 교사로서의 삶을 되돌아보며 가장 기억에 남는 때가 언제냐고 묻는다면, 나는 주저하지 않고 청양중학교에 근무했던 2017년부터 2019년 3년간을 꼽을 것이다.

소박한 아이들의 빛나는 눈, 젊은 선생님들의 열정과 중견 교사들의 노련함이 조화를 이룬 학교. 누구보다도 학교를 아끼고 교육과정 운영의 전문성을 발휘하시며 지역과의 소통에 힘써주신 교장선생님과 교감선생님, 선생님들의 아름다운 열정. 소박한 학생들의 행복한 추억이 가득한 곳. 나에게 청양중학교는 아름다운 학교, 모두가 행복한 학생 중심 충남교육을 실현하는 곳 바로 그 자체다.

10년간의 혁신학교 운영을 바탕으로 삼아 충남 공립중학교 최초 IB후보학교 지정을 진심으로 축하하며, 앞으로도 충남교육과 지역을 선도하는 우수 교육과정 운영 학교로 거듭나길 진심으로 기대해 본다.

선생님의 시선

소은숙

(2019. 3. 1. ~ 2023. 2. 28. 수석교사)

2024년은 나의 교직 생활 마지막 해이다.

끝이라는 의미를 새기며, 부족하지 않으면서도 넘치지 않으려고 나름 애쓰며 생활하고 있다. 하지만 올해 초에 욕심을 부린 경험이 있다. 그것은 새학기 교육과정세우기 교과협의회에서였는데, 무조건 2학년을 가르치고 싶다고 한 점이다.

그 2학년 학생들은 청양중학교에서 3년을 함께하였고, 지금은 청양고등학교에서 나와 함께하고 있다. 이미 4년간(중학교 3년, 지난해 1년) 함께하여 남다른 익숙함이야 말할 것도 없지만, 코로나 상황에서 함께한 3년은 아직도 기억 속에 생생하게 남아있다.

코로나는 학생활동중심의 모둠수업에서 갑자기 개별수업으로의 변화를 요구하였다. 또한 나는 대면수업과 온라인 수업을 병행하면서도 학생참여형수업을 놓쳐서는 안 되는 수석교사이다. 처음이었고, 모두가 혼란스러워하는 상황이었지만 일단 배워서 운영해보려 노력했다. 아마도 많이 어설펐을 것이다. 하지만 그때의 학생들은 진심으로 나를 잘 따라주었다. 지금 생각해보면 함께 어려움을 헤쳐 나갔던 느낌이었으며 그래서 그들이 너무 사랑스러웠다. 가능하다면 그들을 좀 더 지켜보며 도움을 주고 싶어서 2학년을 가르치겠다고 욕심을 부렸던 것 같다. 어쩜 나만의 외사랑일지도 모르겠지만.

청양중학교에서는 2019년부터 2022년까지 근무하였다.

나의 마지막 학생들로 기억될 지금의 학생들을 만난 것은 2020년, 즉 코로나가 시작된 상황에서였다. 입학식은 물론이고, 4월이 되어서야 등교할 수 있었던 그들이다. 아직도 생각나는 것은 그들의 첫 수업을 위해 직접 드럼 연주하는 영상(겨울왕국 OST, Into The Unknown)을 셀프로 찍어 들려주며(수업시간에 드럼 연주는 불가하므로) 환영하고 용기를 주었던 일이다.

계속되는 블랜디드 러닝 상황이었지만, 혁신학교였던 청양중학교는 여러 가지로 유리한 조건이 있었다.

우선은 학생 수가 25명이라는 점이다. 이는 학생활동중심의 수업 운영에도 많은 도움이 되었다. 뿐만아니라 온라인 수업에서도 학생들과 개별적 소통이 가능하였다. 잼보드나 니어포드, 플립그리드 등 에듀테크 활용 수업에서도 직접 활동에 참여하고 과정중심평가가 가능하였다. 교사로서 학생 수가 많으면 수업과 평가 운영에 어려움이 있는 것이 사실이다.

지난해에는 수업 중에 중학교 온라인 수업 시간에 만들어 탑재했던 학생 동영상을 우연히 동영상을 만든 학생 본인과 동료 학생들과 함께 시청할 기회가 있었다.(에듀테크의 유한함) 본인은 물론이고 동료 학생들이 잘했다고 박수를 주었던 경험이 있었는데 아마도 학생 수가 많았으면 가능했을까 라는 생각이 들었다.

다음은 예산이 풍족했다는 점이다. 처음 접해 본 혁신학교는 수업을 지원하는 예산이 많았다. 학생활동중심수업 뿐만아니라 코로나 상황으로 에듀테크를 이용하여 참여하고 공유하는 수업이 절실했던 상황에서 혁신 예산은 도움이 많이 되었다. 드럼 동아리 운영을 위한 드럼 구입도 혁신 예산 덕분에 수월하게 구입하여 운영할 수 있어서 좋았던 기억이다.

혁신학교는 전문적 학습공동체 운영에도 많은 도움이 되었다. 이전 학교에서는 교사 동아리 성격의 전문적 학습공동체가 주를 이루었다면, 혁신학교였던 청양중학교는 수업, 특히, 학생활동중심수업과 원격수업을 위한 전문가가 되기 위한 공동체 활동이 많았다. 지금 생각해보아도 청양중 선생님들께서는 에듀테크를 정말 열심히 배워서 수업에 적용하였던 것 같다.

이 아이들이 성장하게 되면 학교 경험을 토대로 디지털 시대의 대한민국의 주인공이 되어 주기를 기대하고 있다.

청양중학교가 10년간의 혁신학교를 마무리한다고 한다.
혁신학교가 끝나면 학급수는 어떻게 될지, 학생수는 어떻게 될지, 줄어든 예산 때문에 선생님들께서 학생활동중심수업이나 교사 배움의 기회가 줄어들지는 않을지 걱정이다. 하지만 착하고 사랑스러운 청양중학교 학생들을 위한 선생님들의 가르침은 변함없을 것이다.

선생님들 덕분으로 멋진 미래를 꿈꾸며 만들어가는 청양인이 되길 기대해 본다.

청양중으로 세 번 오다

박민선
(2001. 3. 1. ~ 2003. 2. 28. / 2016. 3. 1. ~ 2017. 2. 28. / 2022. 3. 1.~ 현재, 교사)

청양중학교는 내게 의미가 큰 학교이다. 이 학교에 세 번이나 오게 되는 인연을 갖고 있다. 2001년 아직은 젊었던 30대 중반, 축구에 목숨을 거는 까까머리 남학생으로만 구성되었던 청양중에 처음 온 이후로 2016년에 다시 오고, 2022년에 또다시 근무하게 되었다. 한 학교에 세 번씩이나 근무하다니… 참 인연이 귀하다.

2016년 3월, 청양중에 부임해오니 오호라! 여학생이 있다. 청양 주민들의 바람에 따라 남녀공학이 되었다고 한다. 그리고 경기도에서 시작되어 전국적으로 퍼져나가던 혁신학교를 지정받아 진행 중이었다. 당시 업무를 담당하던 임두빈 선생님의 진두 지휘 아래 풋풋한 새내기 선생님들을 중심으로 활발히 진행되고 있었다. 신선하게 다가온 건 학생들의 활동이 어느 학교보다도 활발했다는 점이다. 학생이 나눠주는 점심, 밴드부와 사물놀이부의 시도 때도 없는 시장 공연 등 때로 성가실 때도 있지만 학교는 마치 춤을 추는 듯했다. 아이들은 살아있었고 이런 아이들의 활기는 그동안 매너리즘에 빠져있던 내게도 새로운 숨통을 주었다. 즐거움이 가득한 학교, 더구나 그해 우리 반 아이들은 잔소리 한마디 필요 없는 너무나도 훌륭한 아이들이어서 학교에 오는 출근 시간이 즐거웠다. 젊은 선생님들과 소통하는 것도 신선했다.

그런데 도저히 이해되지 않는 업무가 내게 배정되었다. 전교 합창대회 운영! 왜, 내게? 1학년 부장의 업무를 맡은 나는 이해되지 않았다. 음악에는 문외한인 내게 왜? 이유인즉 2015년 혁신학교 사업의 일환으로 시작된 듯한 합창대회는 1학년 담임인 박혜송 선생님이 음악선생님이고 그 선생님의 경력이 교직 2년차라는 이유였다. 이제 첫 발을 뗀 새내기 선생님에게 행사 전체를 맡기기엔 부담스러웠으리라. 그래! 기왕 이렇게 된 거, 즐겁게 하자! 맘먹으니 그 또한 너무나 즐거웠다. 우리 반 아이들은 '바람이 불어오는 곳'이라는 노래를 신나게 불러제꼈고 마치 1등을 따놓은 당상처럼 여겼다. 수시로 아이스크림 파티를 하며 김칫국을 마시며 준비한 합창대회. 그러나, 정작 1등은 비밀리에 뮤지컬처럼 만들어 연습을 한 3반이 차지하고야 말았다. 그리고 3반의 담임은 박혜송 선생님이다. 이럴 수가! 일은 내가 하고, 상은 박혜송 선생님네 아이들이 차지했다. 음악선생님의 아이들답게….

어쨌든 2016년 청양중에서의 한 해는 나의 교직 생활 전체를 통틀어 best 3년에 들어간다. 혁신학교가 이런 건가? 하는 생각이 들었다.

2022년 3월, 정산중을 거쳐 청양중으로 다시 오니 여전히 혁신학교이다. 그 사이 청양중은 또 달라져 있다. 학생자치회 활동은 더욱 활발하다. 의사결정의 과정에 학생들의 생각이 더욱 많이 들어가고, 학생자치회 구성부터 학생회에서 신청서를 접수하여 인터뷰를 통해 구성하는 방식으로 업그레이드되어 있고, 교육과정 상의 창체동아리도 학생들 스스로 모집과 구성, 운영방식과 내용 등을 정하고 지도해주실 선생님을 초빙하는 방식으로 진행한다. 모든 활동을 원하는 대로 스스로 하니 열심히 하기 마련이다. 학생자치회의 부서도 다른 학교와는 다르게 아이들이 실제로 활동하기 좋은 부서로 포진되어 모두 학교행사나 캠페인활동, 민주적 회의 등을 매우 효율적으로 진행하고 있다. 아이들이다 보니 때로 진행 과정에서 다소 헤매기도 하고 논의하던 일이 비현실적이기도 하지만 부서를 맡은 아이들은 자발적으로 많은 일을 자청한다. 그리고 그 일의 과정을 즐거워한다.

혁신학교의 성공? 일의 즐거움을 가르치는 것만으로도 성공 아닌가? 나는 청양중학교의 새로운 미래가 계속 기대된다.

아이들과 함께한 교사의 첫걸음

전현태
(2021. 3. 1. ~ 2024. 2. 28. 교사)

 2021년, 나는 인생에서 처음으로 교사로서의 발걸음을 청양중학교에서 내디뎠다. 그곳에서의 모든 순간은 말로 다 표현할 수 없을 만큼 소중한 시간이었다. 교문을 들어설 때마다 가슴이 설레며 학교로 향하는 발걸음은 언제나 가볍고 즐거웠다. 교실 문을 열고 들어서면, 아이들의 얼굴을 마주할 생각에 자연스레 미소가 번졌다. 교실에서 아이들과 나누는 대화는 끝이 없었고, 함께하는 시간이 마치 찰나처럼 흘러가곤 했다.

 아이들이 수업에 몰두하는 모습을 볼 때마다 가르침이 마음 깊숙이 스며들었고, 더 많은 것을 전해주고 싶은 열망으로 가슴이 벅찼다. 하루가 어떻게 지나갔는지도 모를 만큼 모든 순간이 행복했고 시간이 멈췄으면 좋겠다는 생각도 했다. 교무실은 언제나 따뜻하고 포근한 분위기로 가득 찼다. 마치 한 가족처럼, 서로를 진심으로 아끼고 도와주는 동료들이 있었기에 웃음이 끊이지 않았다. 내게는 그 시간이 너무도 소중해서, 하루하루가 순식간에 지나가 버리는 게 아쉽기만 했다.

청양중학교에서 보낸 3년이라는 시간은 내 마음 깊은 곳에 영원히 새겨질 잊지 못할 추억이다. 특히, 청양중학교의 가장 큰 장점은 단연코 학교의 주인이 학생들이라는 사실이다. 많은 사람들이 학교의 주인은 학생이어야 한다고 말하지만, 그것을 실제로 이루어지는 것은 결코 쉬운 일이 아니다. 그러나 청양중학교에서는 모든 것이 학생들을 중심으로 이루어진다.

예를 들어, 체육 대회에서 학생들은 어떤 종목이 가장 많은 친구들과 함께 즐길 수 있을지, 또 어떻게 하면 공정하게 운영할 수 있을지 깊이 고민했다. 축제와 캠페인도 마찬가지였다. "어떻게 하면 색다르고 신선한 방식으로 행사를 운영할 수 있을까?"라는 질문에서 출발해, 학생들이 주도적으로 기획하고 실행하며, 그 경험을 통해 다음 해에는 더욱 개선된 모습을 보여주었다. 이러한 일련의 과정을 지켜보면서, 학교의 진정한 주인은 학생들이라는 생각을 다시금 하게 되었다.

선생님들은 그 과정에서 학생들이 미처 생각하지 못했던 부분을 짚어주고, 해결이 어려운 문제에 대해서는 함께 고민하며 학생들이 더욱 성숙한 학교의 주인으로 성장할 수 있도록 도와주었다. 학생들의 목소리에 귀 기울이고, 그들이 제안하는 아이디어가 실행되기 어려울 때는 그 이유를 논의하며 함께 대안을 찾는 과정이야말로 청양중학교의 독특한 문화라고 생각한다.

돌이켜보면, 아이들에게 더 많은 것을 해주지 못한 것이 마음에 남는다. 하지만, 중학교 시절의 이 값진 경험들이 아이들의 미래에 든든한 양분이 되어, 멋진 어른으로 성장하길 진심으로 바란다. 나와 아이들이 함께했던 그 시간들은, 청양중학교라는 이름으로 영원히 남아 있을 것이다.

학교의 막내로 살아가기

이찬규

(2022. 3. 1. ~ 현재. 교사)

2022년 3월 1일 나는 청양중학교에 신규 체육교사로 발령을 받아서 왔다. 그때 나이는 25세, 생일도 지나지 않아 만 23세였다. 학교에서 막내였다. 대학 입학 때 재수를 하여 학번도 18학번이라 학번도 막내였다. 생긴 건 30대 같지만 나이가 어리다고 다른 모든 선배 선생님들께서는 나의 모든 행동을 그저 귀엽게 봐주신 것 같다.(개인적인 생각) 실수를 했을 땐 "괜찮아~ 그럴 수 있어!" 잘했을 때는 "아이구 잘했네~ 그렇게 하는 거야." 그야말로 신규 버프와 막내 버프를 제대로 받은 것이다.

발령 받은 지 얼마 안 된 따스한 봄날이었다. 나는 4교시가 끝나고 점심을 먹으러 급식실에 갔다. 4교시가 끝난 뒤라 학생들도 많아서 학생들 사이에 껴 있었다. 드디어 내 차례. 급식실 여사님들께 "안녕하세요. 감사합니다."라고 인사 했더니. 돌아오는 대답은 "어~ 안녕!" 이었다. 그도 그럴 것이 그 당시는 코로나 시기여서 마스크를 쓰고 있었기 때문에 못 알아보신 듯 하였다. 그리고 너무 배가 고팠는데 급식을 조금 주신 것이다. 차마 거기서는 아무 말도 할 수 없었다. 그래서 내가 생각해낸 묘안 한 가지. 바로 명찰을 달고 급식실에 가는 것이었다. 그렇게 하면 내가 교사라는 것도 알릴 수 있고 무엇보다 급식을 더 많이 받을 수 있을 것이라는 생각이었다. 그래서 4교시 수업이 있는 날 명찰을 달고 급식실로 향했다. 나의 작전은 성공이었다. 나를 알아 보시고 급식을 더 많이 주셨다. 그때의 뿌듯함은 이루 말로 표현할 수 없었다. 그 뒤로 약 한 달 정도 명찰을 달고 다녔던 기억이 있다.

또 하나의 에피소드가 있다. 이것도 발령 받은 지 얼마 안 됐을 때인데 수업을 끝마치고 교무실로 돌아가는 중이었다. 그때는 체육관과 교무실 사이의 거리가 멀어서 쉬는 시간이 거의 끝나갈 때 쯤이었는데 교무실 앞에 최소 35년 경력 이상의 부장 선생님께서 지나가고 계셨다. 그래서 내가 "안녕하세요~"라고 했다. 돌아오는 대답은 "어 그래~ 아니 잠깐만 찬규쌤이었어? 아이고 내가 미안해요. 마스크 쓰고 있어서 학생인 줄 알았어~" 지금 생각해보면 그냥 부장 선생님들 눈에는 나도 한 명의 어린 학생이었을 것이다.

그렇게 2년이 지난 2024년에도 변함없이 막내다. 신규 선생님들이 2023년에 오셨지만 나이가 나보다 다 많다. 지금은 여유가 생겨서 능청거리며 행동한다. 또한 어리게 봐주시면 그저 감사할 따름이다. 막내일 때 충분히 막내인 것을 즐겨야겠다. 그리고 그때의 기억은 아마 내가 교직 생활을 마무리 할 시점에도 잊지 못할 추억으로 남아있을 것 같다.

행복을 먹고 자란다

최진은

(2023. 3. 1. ~ 현재, 교사)

　나는 산 좋고 물 좋은 청양군 교월리의 한 시골 마을에서 태어났다. 마을에 있는 아이들이 10명이 채 안 되는 노령화된 마을이었다. 어머니의 말씀으로는 인사성 바른 꼬마가 마을 어르신들로부터 그렇게 예쁨을 받았더랬다. 아이들이 귀한 그 마을에서 나는 마을 어르신들의 관심과 사랑, 초록을 담은 굽이진 산, 사계절 끊이지 않고 흐르는 마을 앞 강물을 자양분 삼아 따뜻하고 구김살 없는 유년기를 보냈다. 어린 시절 어른들과 자연에게서 받은 사랑은 성인이 된 지금도 오래도록 지워지지 않는다. 청양의 사랑을 담뿍 먹고 무럭무럭 자란 나는 청양병설유치원, 청양초등학교, 청신여자중학교, 청양고등학교, '청양'이라는 글자가 들어간 모든 학교를 내리 졸업하고(그때 청양중학교는 남중이었다), 나의 열렬한 꿈이었던 선생님이 되기 위해 청양 밖으로 기나긴 여정을 떠나게 되었다.

　2023년 3월 1일, 그토록 바라고 바랐던 선생님이 된 나는 공교롭게도 선생님이 되기 위해 떠났던 청양으로 다시 돌아오게 되었다. 바로 청양에 첫 발령을 받게 된 것이었다. 인생은 한치 앞을 볼 수 없어 재미있다. 약 8년이 지나 다시 돌아온 청양은 예전과는 많이 달라진 모습이었지만, 고된 타지 생활에 지치고 지친 나의 심신을 보듬어 주기에는 아직 충분했다. 특히, 학교의 모습은 정말 많이 바뀌어 있었다.

우선, 가장 여실히 체감할 수 있었던 것은 한 반에서 생활하는 아이들의 수가 적어졌다는 것이다. 교실 전체가 빽빽하게 채워져 날숨을 뱉기에도 부담스러웠던 과거와는 달리, 20명 내외의 학생들이 서로의 온기를 느끼며 단란하게 교실 생활을 하고 있었다. 처음에는 조금 어색했지만, 교사의 입장에서 달가운 점이 매우 많았다. 아이들을 돋보기로 보듯 더 세심하게 살필 수 있었다. 해변의 자갈처럼 모두 다른 모습, 다른 개성을 가진 아이들에게 천편일률적인 교육이 아닌 개인의 특성에 맞춘 교육을 제공할 수 있었다. 국어 교사로서 아이들의 기초 문해력 향상에 의무감을 느끼던 나는 이른바 '5분 글쓰기'로 아이들의 글쓰기 수준에 맞추어 매시간 학생마다 새로운 갈래의 새로운 주제를 던졌다. 소수의 학생들이어서 가능했던 일이다. 학생들의 1학기 수업을 평가하는 시간에 '5분 글쓰기를 통해 글쓰기 능력을 키울 수 있어 너무 좋았어요.'라는 글을 보고 기쁜 마음을 감출 수 없을 정도로 행복했다. 책으로만 읽었을 때는 "이게 돼?"라고 의문을 가졌던 일들이 학교에서는 실제 벌어지고 있었다.

지난겨울 교사로서의 첫 해가 다 갔다는 뿌듯함과 아쉬움의 양가적인 감정이 들던 학기의 막바지, 교원, 학부모, 학생들이 모인 교육

공동체 대토론회에 교사 대표로 참여하게 되었다. 무슨 말을 해야 할까 걱정에 무거운 마음으로 참여한 대토론회에서 나의 예상과는 달리 참여자 모두 자유롭게 한 해를 보낸 소감과 아쉬웠던 점들을 이야기하고 있었다. 선생님께 감사한 마음을 전달하기도 하고, 글램핑, 삼겹살데이 등 학교 행사에 대한 즐거움을 회상하기도 하였다. 그 중 가장 기억에 남는 것은 학교에 대한 건의사항을 학생들과 학부모님들이 가감 없이 이야기하는 점이었다. 이성 교제에 대한 교육 강화, 건물 운영에 대한 요구, 학생들이 경험해 보고 싶은 행사 등 자신들의 의견을 예의 있지만 분명하게 말하는 토론의 장이 열렸다. 청양중학교는 내가 경험했던 어떤 학교보다 민주적이었고 학생들의 소리에 귀를 기울이고 있었다. 갈등과 혐오 속 어느 때보다 소통이 중요한 지금의 현실에서 값진 경험을 얻었다는 감사함이 들었다.

꽃봉오리들이 인사를 건네기 시작한 이번 해 봄, 1학년 담임을 맡은 나는 시골 마을과 연계한 마을교육공동체 활동에 아이들과 참여하게 되었다. 대치면에 있는 고즈넉하고 전통의 분위기가 물씬 느껴지는 가파마을이라는 곳이었다. 그곳에서 우리는 두부와 인절미 만들기 체험을 했다. 참새들 마냥 옹기종기 모여 마을 어르신이 콩을 볶는 모습을 바라보고, 고소한 냄새를 맡으며 소박하고 정겨운 열네 살 추억을 만들어갔다. '한 아이를 키우기 위해서는 온 마을이 필요하다'라는 말처럼 아이들은 이러한 행복한 기억을 먹고 무럭무럭 자라날 것이다.

약 1년 반이라는 시간 동안 내가 경험한 혁신학교로서의 청양중학교는 학생, 교원, 학부모, 마을이 함께 소통하고 참여하며 협력하는 교육공동체로서 학생의 성장을 돕고 지속 가능한 미래 교육을 실현할 수 있는 학교였다. 글자로만 배우고 익혔던 '혁신학교'라는 것을 몸과 마음으로 체득할 수 있는 아주 값지고 뜻깊은 시간이었다. 지금의 내가 가진 행복에는 교육공동체를 아낌없이 지지해주고 지원해주는 학교, 아이들의 햇살 같은 웃음, 학교 선생님들의 따뜻한 관심과 애정이 있다. 더할 나위 없이 감사한 행복이다. 나의 고향 후배이자 학교 후배이자 인생 후배이기도 한 청양중학교 학생들이 나처럼 행복을 먹고 무럭무럭 자라나길 바라고 바란다.

그림, 사진으로 보는
선생님의
학교 생활

슬기로운 교감 생활 365

박윤숙

(2023. 9. 1. ~ 현재, 교감)

슬기로운 교감생활 365

3학년 체육부장

급식실 가는 길에 바지 주머니 깨 손을 찔러 넣고 휘파람을 부는 아이에게
"기분 좋은 일, 있나보다!"
"기분이 안좋은 걸 휘파람으로 감춰요"
너는 기분을 안드러내는 법을 갖고있구나 나는 없는데...

시험 끝난날~ 급식지도 하느라 서 있는 내게 자기 점수를 알려주는건 뭐?

혹시 신난거임? 영어는 95 역사는 7개 맞았어요

그런데 기말에 잘 보면 되요~

우와~ 넌 계획이 다 있구나?

성별 바뀌 우리옷 체험하기 청양중 - 서울 수학여행 경복궁에서 - 중학교 2학년은 고정된 성역할 다원 와~

석미옥쌤의 수업이야기

혁신학교, 창의적 국어 수업 이야기

석미옥

(2020. 3. 1. ~ 2022. 2. 28. 교사)

　청양중학교에서 근무한 2년은, 창의적이고 자기 주도적인 학습 능력을 향상시키며 사교육이 만연한 학교 현장에서 공교육 정상화로 '행복한 교실'을 만들어 가는 것을 목표로 하는 혁신학교의 실체를 맛보고 동참한 소중한 시간이었다.

　코로나 팬데믹으로 여러 가지 어려운 학교 현장이었음에도 학생들과의 소통과 협력의 학교 문화를 만들어 갈 수 있었다.

　무엇보다도, 2년 동안 1학년 수업을 맡으며 자유학년제와 연계하여 자기주도적 학습 능력을 키울 수 있는 다양한 수업을 시도할 수 있어서 좋았다. 교과서에 나온 시를 읽고 감상하는 것을 넘어 학생들 자신의 삶을 시로 표현해 보고, 생각하고 또 생각하며 고치고 또 고쳐쓰기를 여러 번, 점점 좋은 시들이 탄생했다. 그렇게 완성된 자작시를 색연필로, 파스텔로 시의 분위기에 맞는 밑그림을 그리고, 한지를

찢어 붙이기도 해서 색다른 분위기도 만들어 본다. 그 위에 용기 내어 또박또박 시를 쓰고, 영 자신 없는 친구는 다른 친구의 도움도 받아 2주에 걸쳐 시화를 완성하고 교내 시화전을 열었다. 교정에 나부끼는 시화 작품을 감상하며 가장 마음에 드는 친구의 작품을 골라 스티커를 붙여 우수작을 뽑는 재미도 쏠쏠했다. 그렇게 탄생한 아이들의 시를 한 편 한 편 읽으면서 다시 또, '문학이 곧 삶이고, 삶이 또한 시이고 문학임'을 새록새록 느끼는 소중한 시간이었다.

　오승한 작가님의 『엄마소리가 말했어』 그림동화를 읽고 독후 활동으로 했던 '쌍자음으로 이어 쓰는 『엄마소리가 말했어』 프로젝트' 수업도 참 훌륭하게 해냈다. 1학년 학생 모두가 그린 그림동화를 책으로 엮어내기도 했고, 그림동화 이어쓰기 활동 결과물을 바탕으로 제작한 〈한글 나무 이야기〉란 제목의 한글 사랑 UCC 교내 우수작은 충청남도 교육청 한글 사랑 공모전에 제출해 중등부 으뜸상(금상)을 수상하는 쾌거를 거두기도 했다. 더 나아가 오승한 작가님께서 나의 카카오 스토리를 보시고 아이들 작품이 너무 훌륭하다고 댓글을 달아주시고 '바람의 아이들' 출판사 대표님으로부터 연락을 받아 청양중학교 도서실에서 『엄마소리가 말했어』 북토크 전국 라이브 방송까지 찍게 되었다. 라이브 방송에서도 아이들이 자신감 넘치고 재치 있

는 이야기를 풀어내어 성황리에 진행되고 진행자로부터 칭찬도 많이 들었다.

  이런 창의적이고 자기 주도적인 다양한 수업을 시도하고 실천할 수 있는 것이 혁신학교의 장점이라고 생각한다. 학급당 인원수가 25명으로 모둠 수업과 프로젝트 수업을 진행하기에 좋고, 학생 중심의 소통과 협력의 다양한 교육 활동이 이루어지면서 입시 부담과 경쟁에 지쳐 있는 도시 아이들에 비해 스트레스가 덜 해서 행복한 학교 생활을 할 수 있다. 또한 행복하고 즐거운 분위기 속에서 이루어지는 수업과 다양한 활동은 아이들의 창의성을 더욱 향상시키는 시너지 효과로 이어져 선순환의 좋은 결과들을 만들기도 한다.

  일 년 동안 참 많이 읽고, 생각하고, 쓰고 고치느라 국어 시간이 쉽지만은 않았을 텐데도 투정부리지 않고 열심히 따라 해준 청양중 1학년 학생들을 칭찬 또 칭찬한다. 그리고 시간 시간의 그 노력과 정성들이 모여 멋진 어른으로 성장해 가는 자양분이 되고, 그 중에 누군가는 시인도 되고, 화가의 꿈도 이루어가길 축복하며 응원한다.

행복 공감 혁신학교 '청양중학교'에서 나의 34년 교육 경력을 마무리할 수 있어서 참 감사하고 행복했다.

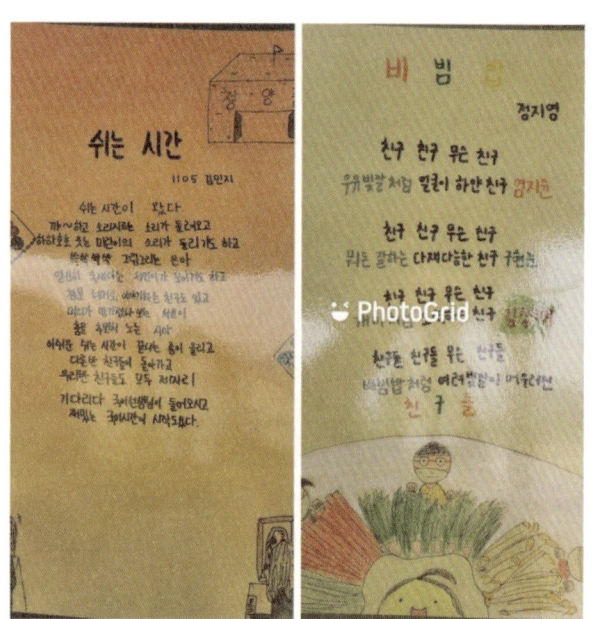

박수민쌤의 에피소드

3년 차 교사의 타임머신

'사진은 과거로 가는 가장 쉬운 타임머신이다'

박수민

(2022. 3. 1. ~ 현재. 교사)

:: 22년 3월, 〈첫 만남〉

11년 전까지만 해도 책상에 앉아 선생님만 바라보던 중학생이,
시간이 지나 선생님이 되어 교탁에 서 있을 때의 광경.
모두가 나만 바라보고 있던 그 순간.

:: 22년 봄, 〈첫 캠페인〉

당시 맡았던 업무에서 진행했던 '탄소중립 운동 홍보 캠페인'.
전날 방과 후에 학생들을 모아서 다음 날 쓸 팻말, 퀴즈,
상품들을 다 같이 준비하는 게 얼마나 걱정이던지.
긴장했던 나와 달리, 오히려 학생들이 즐겁고 능숙하게 진행했고
성공적으로 마무리됐다.

:: 22년 가을, 〈응원〉

당시 아침에 진행했던 시험 기간 응원 캠페인.
전교생들은 각자 적고 싶은 응원의 말과 과자 선물을 포장하고,
다음 날 아침 누군가에게 전달됐다.
아직도 인상 깊던 행사. 이런 캠페인을 진행해 준 학생들,
그리고 선생님께 감사하다.

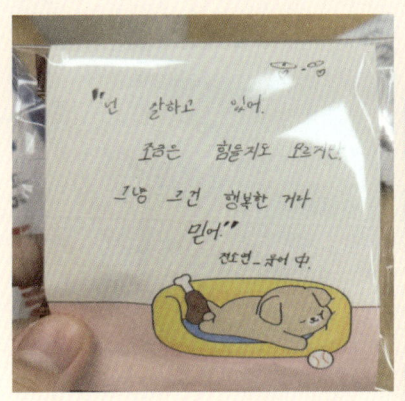

:: 22년 가을, 〈에너지 드링크〉

원체 잠이 많고 야행성이던 나는, 아침 일찍 출근하면
졸음이 몰려올 때가 많았다.
그래서 늘 에너지 음료와 아침 하루를 시작했는데,
늘 옆에서 도와주신 옆자리 선생님께서 주말에 마트에 들러
에너지 드링크를 박스째로 왕창 사다 주셨다.
나도 누군가에게
에너지를 주는 사람이 되어야겠다.

:: 22년 겨울, 〈생일파티〉

지금은 '그린 스마트 학교'사업으로 사라진, 옛 교무실의 사진.
당시 학년부에서 부장님 생일을 챙겨드렸다.
키보드 소리만 나는 교무실을 잠시 멈추고, 웃음소리로 교무실을
가득 채운 순간이었다. '인생은 폭풍을 피하는 것이 아니라,
폭풍 속에서 춤을 추는 것'이라고 한다.
정신없던 첫 학년 말이었지만 소중한 사진이 생겼다.

:: 23년 봄, 〈열정〉

23년, 나의 2번째 1학년 사회 수업 첫 시간,
세계 지도 퍼즐 맞추기를 했다.
얘들아 종 쳤어.

::23년, 〈병뚜껑 도둑〉

환경 담당 선생님이 준비한 캠페인. 반 별로 캠페인 기간 동안 병뚜껑을 모은 후 무게가 가장 많이 나가는 반에 상금을 줬다. 이것 때문에 몇몇 아파트에 분리수거장을 뒤지는 학생들이 생기고 다른 반의 병뚜껑을 훔치는 일이 벌어지기도 했지만 즐거웠던 캠페인.

::23년, 〈크리스마스〉

'내일 드레스 코드는 초록, 빨강입니다.'

::23년 겨울, 〈축제 전날〉

초등학교 7학년 티를 못 벗던 우리 반.
축제 전날이라고 스스로 남아 학급 부스 컨셉에 맞게
반을 꾸미는 데 '언제 이렇게 컸지?'라는 생각이 들었다.
대견해.

::24년, 〈신성한 퇴근길〉

마지막으로 문단속을 하고 건물을 나가는 복도.
빛이 예뻐서.

:: 24년 여름, 〈미움받을 용기〉

종이를 나눠주기 직전까지 할까 말까 고민했던 수업 설문지.
괜히 했다가 울다 지쳐 잠들면 어쩌지 걱정했지만,
아이들은 예상보다 착하고 예리했다. 사실 이것을 앞으로
계속할 거냐고 물으면 내 대답은 물음표이다.
한 살 한 살 시간이 지날수록 수업보다 책임져야 할
학교 일이 늘어나고, 학교 밖에서 책임져야 할 일도 많아진다.
이 설문지가 아니더라도 상처받을 일, 상처 주는 일이,
책임져야 할 일, 공부해야 할 일이 점점 많아진다.
교직 3년 차이자 20대 후반인 요즘의 나는
삶의 우선순위를 정하는 중이다.

다함께 만들어나가는 혁신학교, 청양중학교

그림_강지민(3학년)

열정과 상상력을 키워준 학교

신현경
(70회 졸업생)

우리 학교는 천사 날개가 운동장 조회대를 장식하는 혁신적인 학교였다. 이 날개는 우리 학교 커뮤니티의 상징으로 자리 잡았으며, 우리가 함께하는 여정의 일부분이 되었다. 이 날개는 우리의 꿈과 열정, 그리고 협력과 창의성을 상징했다. 그것은 우리가 더 나은 미래를 향해 나아가는데 필요한 열정과 상상력의 중요성을 상기시켰다.

학생회가 주최한 행사 중 하나는 우리 학교 축제이다. 이 축제는 다양한 문화와 관심사를 가진 학생들이 모여 자신의 열정을 나눌 수 있는 장이다. 각 반마다 부스를 운영하여 자신들의 아이디어와 재능을 선보였다. 예를 들어, 한 부스에서는 예술과 공예품을 만들 수 있었고 또한 다른 부스에서는 지역 사회를 위해 수익금을 기부하기도 했다. 이렇게 다양한 활동을 통해 우리 학교 커뮤니티는 더욱 활기차고 다채로웠다.

우리 학교는 다양한 체육대회를 통해 학생들의 건강과 활동을 촉진했다. 이 대회들은 단순히 경쟁을 위한 것이 아니라, 우리 학교 커뮤니티의 통합과 협력을 위한 자리였다. 우리는 대회의 종목과 경기 방법을 민주적으로 정하고, 함께 참여하여 즐거움과 성취감을 함께 누렸다. 우리 학교 체육대회는 민주적인 접근으로 계획되었다. 우리 학생회는 학생들에게 설문조사를 실시하여 어떤 종목이나 활동이 포함되어야 할지 의견을 수렴했고, 이를 통해 학생들이 자신의 관심과 역량에 따라 다양한 활동에 참여할 수 있었다. 학생들은 자신들의 특기와 관심사에 따라 참가할 종목을 선택할 수 있다. 이렇게 다양한 종목이 학생들에게 참여의 기회를 제공하면서, 각자의 능력을 발휘할 수 있는 자리를 마련해 주었다. 이렇게 민주적으로 계획된 체육대회는 우리 학교 커뮤니티의 결속력을 강화하고, 학생들의 건강과 활동을 촉진하는 데 큰 역할을 하였다. 우리는 경쟁을 통해 서로를 더 잘 이해하고, 함께 노력하며 성장하는 소중한 경험을 나눴다.

학생회는 학생들의 의견을 수렴하고, 학교 생활을 개선하기 위한 다양한 프로젝트와 행사를 기획했다. 학생들은 항상 새로운 아이디어와 프로젝트를 제안하고 실행하는데 열정적이었다. 학생들끼리의 소통과 협력을 통해 우리는 서로를 더 잘 이해하고, 더 나은 커뮤니티를 만들어갔다.

이런 경험들은 우리가 민주주의와 참여의 중요성을 깨닫게 해주었다. 우리는 단순히 수동적인 수용자가 아니라, 창조적이고 적극적으로 미래를 만들어가는 주체라는 자부심을 키울 수 있었다.

우리 학교는 세월호 참사 희생자들을 추모하고 그들의 희생을 기리기 위해 특별한 행사를 개최했다. 이 행사는 우리 학교 커뮤니티가 함께 모여 세월호 참사의 비극과 무게를 함께 나누는 기회가 되었다. 노란색 리본을 만들고 싶은 학생들을 뽑고, 그 학생들이 손수 노란색 리본과 고리를 만들어서 전교생에게 나눠주었다. 우리는 그 리본을 가방에 매달거나 보관하며 세월호 참사로 희생된 언니, 오빠들을 오래 기억할 수 있었다.

우리 학교는 중학교 3학년 말에 합창대회를 열어 학생들의 음악적 재능과 창의성을 발휘할 수 있는 기회를 제공했다. 이 행사는 학생들의 다양한 음악적 역량을 선보이는 자리일 뿐만 아니라 학교 커뮤니티가 모여 음악을 통해 하나가 되는 소중한 시간이었다. 각 학급은 자신들의 음악성과 리더십을 발휘하여 합창곡을 준비했다. 학급별로 다양한 장르와 스타일의 곡을 선보이며, 학생들은 자신들의 음악적 취향과 관심사를 반영하여 프로그램을 구성했다. 한 학급은 세월호 추모곡을 준비하기도 하였고, 다른 학급은 애국심을 담은 곡을 준비하기도 하였다. 열심히 준비한 결과 우리는 멋진 합창 무대를 만들 수 있었다. 특히 그때 교장선생님께서 우리 반의 무대를 보고 감명받았다고 하신 말씀이 아직도 기억이 난다. 학급 친구들과 서로 소통하며 힘을 모으면 좋은 결과가 있다는 걸 느꼈다.

꿈을 향해 더 힘차게

강인구
(71회 졸업생)

　나는 중학교 시절 전교 부회장을 맡아 작은 시골지역에서 학생이 스스로 기획하고 준비하며 모든 과정과 문제를 직접 참여하고 해결하는 자치활동을 많이 하고자 다짐했다.
　그 다짐의 결과로 정말 다양한 활동을 하게 되었다.
　벽화 그리기, 아침밥 캠페인, 문화의날, 사물놀이 공연 봉사, 전체회의 및 학생자치회의, 학부모와 함께하는 축제, 학부모와 함께하는 김장, 텃밭 체험 프로그램까지 많은 프로그램을 진행했다.
　전교 부회장으로서 회장과 함께 공약도 실현하면서 동시에 학생들이 다니고 싶어하는 학교, 학생들이 좋아하며 많은 추억이 남을 수 있는 중학교 시절을 만들고자 노력하였다.
　먼저 벽화 그리기다.
　평소 미술에 관심있는 친구들과 그 당시 형, 누나들이었던 도립대학교 선배들과 함께 학교 조회대의 밋밋한 회색벽을 꾸미게 되었다.

그냥 막연하게 벽화를 그리는 것에서 끝나는 것이 아닌 학생들이 조회시간마다 또는 운동장에서 체육수업을 하거나 여러 프로그램(축구, 체육대회) 등을 진행할 때 보기 좋은 그림들로 직접 고민하고 계획하여 그리게 되었다.

중학교 시절, 꿈을 향해 더 높게 더 멀리 나아가자라는 의미로 하늘을 형상하여 그림을 그렸고, 양쪽에 하얗게 천사날개를 그려 가운데 부분을 비워 두고 학생들이 그곳에 서서 포토존과 사진을 찍어 그 사진을 통해 다시 힘찬 에너지를 받을 수 있도록 그렸다.

현재 대학생인 내가 중학교 생활을 생각하면 그 당시 벽화 그리기 활동이 많이 기억에 남았고, 또한 아직까지도 그림이 있는 걸로 알고 있어 자라나는 새싹과 같은 아이들에게도 큰 힘이 되길 바란다.

다음은 하나의 공약이기도 하며 캠페인으로 진행한 아침밥 캠페인이다.

그 당시에도 아침밥을 먹지 않고 끼니를 거르는 학생들이 많다는 사전조사를 받아 아침밥 캠페인의 날을 정하여 지역 식당 사장님들과 학부모님, 선생님들과 사전의 논의와 준비를 거쳐 아침밥 캠페인을 진행했다. 아침에 간단한 끼니용 밥과 음료를 주면서 오늘 하루도 힘내라는 메시지와 함께 하나가 되는 의미 있는 캠페인으로 채워 나갔다.

다음은 문화의 날이다.

이 역시 우리 공약 중 하나로 문화의 날을 정하여 학생들이 관람하고 싶은 영화를 사전에 투표를 통해 정하고 팝콘기계를 빌려 학년별로 학생회와 선생님들과 상의하여 활동을 진행했다.

수업만으로의 채움보다 여가생활을 학교에서 함께 수업하는 친구들과 나눔으로써 기쁨이 배가 되는 뜻깊은 행사였다.

다음은 자치활동의 활성화 이다.

우리는 학생들이 스스로 모든 것들을 기획하고 준비하며 그 과정 가운데 어려운 부분만 선생님들과의 회의를 거쳐 모든 활동을 진행했다.

사물놀이 공연 봉사는 점심시간에 아이들이 교실에만 있지 않고 나가서 체육도 하고 산책도 하고 공연도 관람하면서 웃음이 끊이지 않는 학교 풍경을 만들고 싶었고, 예술활동과 동아리활동 공연을 통해 후배들에게 동아리를 홍보함과 동시에 함께하는 기쁨 또한 채워주고 싶어 기획하여 활동했다. 또한 주기적으로 학생회가 모여 회의를 진행하고 회의 속 나온 건의와 행사들을 준비하면서 전체 회의를 가져 학년마다 발생하거나 필요하다고 느끼는 안건을 받아 선생님들과 추후 논의를 통해 최대한 문제들과 안건들을 적극적으로 수용하여 해결하고자 노력하는 활동을 많이 했다.

마지막으로는 학부모님들과의 소통도 끊임없이 진행했다.

중학교를 다니면서 학생들이 학교생활을 원활하게 진행할 수 있음은 부모님들의 큰 관심과 많은 후원이 있었기에 가능했던 것 같다.

학교의 행사가 있을 땐 그 누구보다 먼저 함께해 주셨고 더 좋은 방안과 진행을 위해 적극적인 피드백도 주셨다.

이에 우리도 보답하여 부모님들과 함께 준비하여 학부모와 함께하는 학교축제를 준비하여 다양한 먹거리를 준비하고 학생회들은 즐길

거리와 볼거리를 준비하여 그 속에서 얻은 아이템 또는 쿠폰을 통해 학부모님들께서 만들어주시는 음식과 교환하여 함께 먹고 마시며 즐기는 좋은 축제로 만들어 갔다. 또한 학부모님들과의 김장활동을 통해 관계를 더욱 도모하고 학교생활 가운데 학부모님들께서 바라는 학교의 안건들도 적극적으로 수용하도록 노력했다.

이처럼 돌이켜보면 정말 많은 활동을 한 것 같다.

중학교 시절, 다양한 활동들을 학생회 임원들과 함께 자치활동으로 꾸려가고 그 속에서 우리의 부족한 점과 보완할 점들을 서로 피드백하고 서로 성장하는 밑거름이 되었다.

학생들과 끊임없이, 선생님들과 끊임없이 소통하여 혁신학교를 만들어가는데 이바지하고 더 노력하였던 학생시절 이었다.

지금의 나는, 중학교 때 리더십과 자치활동을 통해 현재 대학교 과학생회와 동아리, 또한 중학교 시절 꿈을 키운 레크레이션 강사 등을 준비하기 위해 많은 자격증을 따고 활동하며 대학축제 사회를 보게 되는 기회도 얻었다.

이처럼 많은 활동을 통해 느낀 점은 청양중학교 후배들도 꿈을 향해 더 힘차게 나아갔으면 좋겠다.

예전부터 들었던 말 하나가 있다. "학교의 주인은 바로 여러분, 자신입니다."

그 사실을 잊지 말고 하고 싶은 활동, 하고 싶은 꿈들을 향해 더 열심히 나아가고 어려운 점이 있다면 선생님과 소통하며 해결해 나가면서 더 성장하는 청양중학교 후배님들, 대한민국 중학생들이 되길 기원한다.

꽃 피는 자치활동

이주아

(71회 졸업생)

벽화 그리기

충남도립대학교의 인테리어패션디자인과 교수님 2명과 대학생 언니, 오빠 4명의 재능 기부로 학교의 벽을 바꾸었다. 회색빛의 조회대에 천사 날개 그림을 그리고 급식실로 향하는 벽에는 바다 속 풍경을 상상하여 그렸다. 또한 운동장 가장자리의 철봉은 일곱 빛깔로 바뀌었고 검은 아스팔트로 뒤덮인 교문 길은 노란 해바라기로 가득 채워졌다.

아침밥 캠페인

아침밥을 거르는 학생들을 위해 동네 식당 사장님을 섭외하여 미리 재료들을 준비해줄 것을 요청 드렸고 학부모님, 선생님, 학생회 학생들이 함께 모여 교문에서 아침밥을 나누어주었다. 주먹밥과 같이 간단히 먹을 수 있는 아침밥을 챙겨주었다. 학생회 학생들은 아침밥이 주는 효과를 적은 팜플렛을 들고 홍보하며 아침밥이 주는 긍정적인 결과를 학생들에게 알려주었다.

학생회 주관 등굣길 프로젝트 활동

학생회는 일주일에 한 번씩 주제를 정해 등굣길 교문에서 프로젝트 활동을 했다. 하루는 인사하기 프로젝트, 하루는 욕설 사용하지 않기 프로젝트, 하루는 담배피지 않기 등 주제와 관련된 팜플렛을 제작하여 여러 프로젝트 활동을 했다. 무의미하게 교문에서 학생들을 맞이하는 것이 아니라 주제를 갖고 의미 있는 내용을 알려주고자 했다.

문화의 날-시네마 데이

전교학생회장, 부회장의 공약 중 하나인 문화의 날이다. 6개월에 한 번 정도 진행되었고 학생들이 관람하고 싶어 하는 영화를 사전에 투표로 선정했다. 전교생이 모여서 관람하진 않았고 학년별로 대강당에 모여 관람했다. 학년별로 관람을 하여 하루에 총 세 번의 영화 관람을 진행했고 팝콘 기계를 빌려 직접 팝콘을 튀겨 제공했다. 학생회와 선생님들과의 일정을 조율하는 것에 어려움을 겪기도 했지만 대부분 학생들이 만족하여 만족스러운 활동으로 기억된다.

사물놀이 공연 봉사

사물놀이 동아리 학생들은 분기별로 한 번씩 청양문화체육센터에 가서 어르신들 앞에서 사물놀이 공연을 했다. 그곳에서는 여러 자원봉사자님들이 참여했는데 맛있는 국수를 제공해주는 봉사자들, 춤

공연을 선보이는 봉사자들, 악기 연주를 하는 봉사자들 등이 있었다. 우리 학교 사물놀이 공연 봉사자들은 공연이 끝나고 가끔씩 국수를 먹으며 자원봉사의 현장을 더 잘 체감할 수 있었다.

전체 회의의 날

일주일에 한 번, 1~3학년 학생들이 대강당에 모여 우리 학교가 더 나은 학교로 성장하기 위해 필요한 것들에 대해 이야기를 나누었다. 전교학생회장과 전교학생부회장이 진행을 맡고 발언을 원하는 학생에게는 개별 마이크를 주며 학생 전체가 한 주제를 갖고 함께 나눌 수 있게 했다. 학교에게 바라는 점, 학교가 잘하고 있는 점, 학교가 부족한 점 등을 함께 나누어 이에 필요한 통일된 결과를 도출해냈다. 개별 발언이 어려운 학생들을 위해서는 포스티잇에 자신의 의견을 붙여 익명으로 이야기를 나누기도 했다. 목요일 창체 시간을 활용하였고 전체 회의가 끝나면 바로 하교하게 하여 학생들 대부분이 불평 없이 참여했다.

학부모와 함께하는 축제 음식(+사전 쿠폰제)

학부모님들이 자원봉사 개념으로 학교 축제에서 음식을 판매했다. 축제 시작 2주 전쯤에 학교에서 음식 쿠폰을 팔았다. 떡볶이, 오뎅 같은 분식을 구매할 수 있는 쿠폰인데 각 500원 정도로 저렴하게 판매했다. 쿠폰이 있는 학생들만 음식을 살 수 있기 때문에 사전에 쿠폰을 구매하게 했는데 쿠폰 판매 기간은 일주일 정도였던 것 같다. 사전 쿠폰제로 인해 학부모님들이 음식을 준비하는 양을 가늠하기

용이했을 것이다. 또한 낭비되는 음식도 적어 환경에 도움을 주었다.

학부모와 함께하는 김장

학부모님과 급식실 직원 분들, 선생님 등이 모여 함께 김장을 했다. 김장을 하며 서로 소통하고 학교 일에 대해 나누며 교육 공동체 간의 협동을 발견할 수 있었다. 직접 한 김장은 학교 급식으로 제공하기도 했다.

텃밭 재배

텃밭을 직접 가꾸었는지는 기억나지 않지만, 학년 전체가 총동원되어 고구마를 캤다. 반별로 한 줄씩 맡아 고구마를 캤다. 호미와 목장갑, 수레 등을 갖추어 본격적으로 고구마를 캤다. 직접 캔 고구마는 가정으로 가져가기도 했다.

소통의 창구, 봉사활동

우형순

(노권, 윤하, 윤지 엄마)

나는 오늘도 봉사활동을 하며, 노란 깃발과 함께 활기찬 하루를 시작한다. 이 일은 아침 일찍부터 시작해 힘든 면도 있지만, 이제는 내 삶에서 빼놓을 수 없는 일 중 하나가 되었다.

10년이 넘는 봉사활동 시간을 보내며 지나가는 학생들이 웃으며 감사 인사를 하는 모습을 보면 나의 노력이 소중하다는 걸 느낀다.

봉사활동을 하면서 학생들과 학교나 친구 이야기를 나누는 것도 즐겁다. 이런 대화는 학생들과 친해지고 소통하는 데 큰 도움이 된다.

봉사활동을 마치고 집으로 돌아가면 나의 직장이자 터전인 문방구가 기다린다. 여기도 학생들과 학부모들과의 소통이 이루어지는 장소이다. 나는 학부모회 임원으로서 학생들과 학부모들의 이야기를 듣는 창구 역할을 하고 있다.

'아이 하나를 키우는 데는 온 마을이 필요하다'는 말이 있다. 이 말은 아이의 성장을 위해 주변에서도 관심과 애정을 갖고 지켜봐야 한다는 의미로도 읽힌다.

나는 중학생과 고등학생 자녀를 둔 부모로서 아이들과 대화를 많이 하고 있다고 생각하지만, 아이들이 커가면서 점차 대화와 교류가 줄어드는 것을 느낀다. 그래서 학교 행사나 지역 모임에 참여하고 봉사활동에 참여한다. 그리고 참여하며 드는 생각이 아이들을 위해 학부모뿐 아니라 지역 사회의 관심과 참여가 필요하다는 것이다. 이것이 청양 교육 발전에 큰 도움이 될 것이라고 생각한다.

두 아이 엄마의 혁신학교 체험기

김영미

(석현, 동현 엄마)

　2021년 첫 아이가 중학교에 입학할 때만 해도 혁신학교에 대한 개념이 생기지 않았다. 단순하게 학력에 중점을 두는 것보다 체험 위주의 활동으로 학업성적이 떨어지는 건 아닌지에 대한 우려가 컸던 것도 사실이다. 하지만 혁신학교의 교육과정을 지켜보니 선생님들과 소통하며 다양한 활동을 통하여 경험을 쌓아가고 스스로 생각할 수 있는 능력이 커가고 있다는 것을 느낄수 있었다.

　학교에 대한 신뢰가 쌓이고 있을 때쯤 학부모가 참여하는 마을교육공동체가 구성되어 운영되고 있다는 소식을 들었다. 내 아이가 다니는 학교에 대해 좀 더 자세하게 알고 싶었는데 좋은 기회라 생각되어 신청하게 되었다. 처음에는 아이와 소통하는 이야기거리가 생겨서 좋겠다고 생각했지만 평소에는 접하지 못하는 다양한 프로그램으로 그보다 더 값진 소중한 경험을 얻게 되었다. 환경을 주제로 하여 독서토론을 하거나 천연재료를 활용하여 생활에 필요한 제품을 만들고 지역사회나 가정으로 보내 함께 사용할 수 있는 점들이 좋았다. 그렇게 2024년 둘째아이도 중학교에 입학하였다. 올해는 얼마나 좋은 경험을 하게 될지 기대가 되고 있다.(첫째 아이때와 어떤 점이 달라지고 있는지.)

　학교에서 운영하는 교육과정 프로그램에 참여하면서 선생님들의 열정과 노고가 얼마나 큰지 느꼈고 늘 감사한 마음이다. 그 사랑을 받고 자라는 아이들과 즐겁고 행복한 학교를 만들어 가기 위해 애쓰시는 선생님, 그에 무한한 신뢰와 믿음으로 지지하는 학부모, 모두가 함께 만들어가는 학교가 되길 바란다.

세 아이의 꿈이 자라는 터전이 된 청양중학교

최단비

(은찬, 은채, 은율 엄마)

　6년 전 서울에서 청양으로 내려왔을 때 아이들에게 제일 미안했던 것은 삼 남매 교육의 문제였다. 초등학교 6학년, 4학년, 2학년으로 처음 청양살이를 시작했을 때 아이의 친구들이 대부분 서울에 있었기 때문에 적응하기도 힘들었고, 더군다나 첫째는 바로 중학교 진학 문제를 고민해야 했기에 아이들의 미래와 진로 그리고 학업에 있어서 열악한 환경을 제공해주는 것 같아서 미안했다. 그 와중에서도 희망을 본 것은, 청양중학교가 혁신학교라는 것이었다.

　서울에서도 과도한 성적을 중심으로 한 경쟁과 평가, 치맛바람을 피해서 찾아낸 초등학교가 혁신학교였고 그 속에서 세 아이가 '비교' 대신 '조화'를 배우고, '경쟁' 대신 '함께'를 배우며 자라는 모습이 너무나 좋았다.

　그런데 여기 청양에 와서도 지식을 넘어 삶을 배워가는 터전을 만들고자 하는 그런 학교에 다닐 수 있음을 확인하게 된 것이다.

더욱이 시골 학교가 가지는 좋은 점들인 청정자연과 이제까지 지켜온 공동체의 가치들, 그리고 학교가 학생들에게 집중적으로 각종 혜택을 줌으로 각자가 자신의 꿈과 미래를 그려갈 기회와 장을 마련해 줄 수 있다는 것을 아이들의 학교생활을 통해 보게 되었다. 어느새 서울 친구들을 그리워하던 아이들이 청양에서 사귄 학교 친구들을 집에 초대해 함께 밤을 새워 놀기도 하고, 서울 친구들까지 소개해서 함께 만나는 모임들을 만들었다. 이런 자기 주도적인 모습들을 키워가는 걸 보면서 '잘 내려왔다'는 생각이 들기 시작했다. 그리고 아이들이 자유학기제와 방과후 활동을 통해 자신들의 재능과 흥미를 발견하고 역량을 키워갈 수 있는 프로그램들을 하고 왔다고 자랑한다.

이제 고등학교 2학년인 첫째는 미술에 흥미를 발견하고는 고등학교에 진학해서 미술을 진로로 생각하게 되었고, 청양중학교 3학년인 둘째는 밴드에 진심이어서 심지어 가족행사보다 밴드팀 모임을 더 사랑하게 되었으며, 그리고 올해 입학한 셋째는 공부에 흥미를 가지고 좀 더 깊이 공부하고 싶어한다. 이처럼 자신을 발견할 수 있는 계기와 선택의 기회를 청양중학교가 적극적으로 제공해주고 있음을 보게 되었다.

내년부터 청양중학교는 IB 학교로 전환하여 학생들에게 국제시민으로서의 역량을 키우며 성장할 수 있는 교육을 제공한다고 한다. 저희 셋째가 누리게 될 새로운 도전이어서 나도 기대가 된다. 어쩌면 국제적으로 공인된 혁신학교의 체계를 경험하게 되는 것이다. 이를 통해 청양중학교 학생들이 얼마나 성장해갈지, 이제까지 이 시골의 전통을 품어내고(전수받은) 한국 사회에 리더들로 자라왔다면, 이제는 세계를 품고 이끌어나갈 리더들로 세워질 기회를 맞이한 것이다. 이런 혁신적인 발걸음들은 도시학교에서 경험하기 어려운 변화들이다.

청양중학교가 아이들 스스로 자신의 미래를 준비하며 그려가고 선택하고 책임지는 성장의 과정을 부모와 친구들과 선생님들과 함께 만들어갈 수 있는 터전이 되어 주어서 감사하다. 이렇게 학생들이 자라가는 모습이 선생님들의 보람이 되는 일이 계속해서 일어나기를 기원해본다.

선생님들이 행복하게 아이들을 가르치는 학교, 그리고 그 행복을 나눠 받은 학생들이 자신들의 삶을 행복하게 개척해 갈 수 있는 학교, 그런 자녀들을 보면서 청양에 살기를 잘했다고 기뻐할 수 있는 학부모들이 함께할 수 있는 청양중학교여서 행복하다.

비오는 겨울날, 청양중학교에서의 따뜻한 로제떡볶이 체험기

김민솔

(마을학교 체험 진행)

작년 12월 어느날 비가 추적추적 내리는 겨울에, 나는 청양중학교에 체험 수업을 하러 찾아갔다. 이날 체험의 내용은 '전통 고추장을 활용한 로제떡볶이 만들기'였다. 요리 수업인만큼 각종 식재료부터 냄비, 가스버너 등 조리도구를 비롯해 챙겨간 짐이 많았는데, 학생들이 재밌게 만들어 보기도 하고 충분히 만족스러울 만큼 먹었으면 하는 마음에 재료를 최대한 차에 가득 채워서 갔다.

그런데 1년 만에 찾아간 청양중학교의 모습은 무척이나 당황스러웠다. 리모델링을 위해 조립식 교실을 신설해서 사용 중이었기 때문에, 주차장에서부터 잘 닦여진 출입구나 엘리베이터가 없어서 준비한 짐을 수레로 옮기기가 어려웠기 때문이었다. 더욱이 겨울이어서 날도 춥고 몸이 둔감했을 뿐만 아니라, 비가 와 바닥은 질퍽해서 옮기기가 훨씬 힘들었다. 울퉁불퉁한 바닥 때문에 층층이 쌓아 옮기던 짐은 쉽게 쏠리거나 쏟아져 버리기 일쑤였다. 아직 수업도 시작하지 못했는데, 이런저런 안 좋은 상황이 겹쳐 혹시나 체험 수업이 늦어지면 어떡하나, 재료가 손상되면 어떻게 하나 하는 걱정이 들기 시작했다.

그런데 선생님과 학생들이 이 모습을 보고 몰려와 짐을 하나씩 직접 날라주기 시작했다. 무거운 짐을 들고 계단을 타고 올라가야 했는데 족히 20명은 되는 사람들이 모여 도와주니 어려웠던 문제는 쉽게 해결되었다. 5분도 안 되어 수업 장소 앞에 깔끔하게 올라가 있는 재료들…. 걱정은 씻은 듯이 사라졌고, 선뜻 도움의 손길을 내어준 학생들의 선한 마음에 좋은 경험을 전해주러 온 내가 도리어 고마운 경험을 하게 되었다.

이날 3학년 학생들을 대상으로 체험 수업을 했는데, 이 학생들은 더 어릴 때도 체험 수업을 했던 적이 있던 학생들이었고, 그중에서는 기억나는 학생들도 더러 있었다. 기억을 더듬어 한명 한명 예전에 있었던 일이나, 나누었던 대화를 다시 이야기하니, 학생들도 나와 했던 체험 수업에 대한 기억을 떠올리는 것 같았다. 학생들의 키는 그간 훌쩍 자랐지만, 기억은 그대로 남아있는 듯했다.

나는 아침의 고마웠던 기억과, 학생들을 오랜만에 마주친 반가움으로 더욱 행복하고 즐거운 마음으로 체험 수업을 할 수 있었다. 이날 청양중의 고든 램지가 되겠다며 창의적으로 떡볶이의 양념을 계량하던 학생을 떠올리면 아직도 웃음이 난다. 아이들이 성장하는 만큼이나 체험 선생님이었던 나도 함께 성장하고, 배울 수 있었던 이날의 뜻깊은 기억은 아마 오랫동안 잊지 못할 것 같다.

청양의 흙 바람 햇빛은
나의 새로운 삶의 선물

― 청양포도공주농원 포도농부 부부의 이야기

김미연

(진로 직업체험 진행)

　남편의 소망은 고향인 청양에 귀향하여 귀농생활을 하는 것이었다. 나 또한 병약한 편이라 청정한 청양으로의 귀농은 나의 바람이기도 했다. 우리 부부는 직장생활을 병행하며 귀향, 귀농 준비를 했다. 귀농을 준비하며 도시 농업 네트워크에 적극 참여하여 농업에 관한 많은 지식과 정보를 접했고, 정보를 접하면 접할수록 깨닫게 되었다. 도시와 농촌이 서로 교류하며 상생해야만 된다는 것을…. 생명을 중시하는 '안전한 먹거리' 생산이 지속되는 농생명 산업을 바탕으로 도시와 농촌이 서로 상생해야만 농촌의 경제구조에서 삶을 보장받을 수 있다는 것을 이해하게 되었다. 이때부터 흙의 소중함을 기본으로 자연순환 농법인 유기농법을 실천에 옮기며 우리 가족 단위의 소농을 실천하며 자급자족을 원칙으로 살아가는 삶을 택하여 3년간의

귀향 준비를 했다. 2015년 5월에 자그마한 집을 짓고 2016년 친환경 포도 재배 농업인이 되었다. 농사를 지으면 지을수록 내 땅을 알아야 했고 바람길을 알아야 했고 햇빛을 알아야만 포도 재배에 도움이 될 수 있었다. 남편과 나는 귀농 시작부터 지금까지 내 땅에 내 작물에 관한 필요한 지식과 정보를 멘토들과 공유하며 농업대학 포도마이스터과정, 슬로푸드먹거리에 관한 발효균 과정, 와인과정, 발효식초 등을 공부해 오고 있다. 농생명 산업의 농업에 목적을 두고 도농 교류 활성화 방법은 지속적인 안전한 먹거리 생산이었다. 지속적인 안전한 먹거리 생산은 저에게 중요한 3가지 원칙을 세워주었다. 1. 오염되지 않은 환경이 필요하고, 2. 안전한 먹거리를 먹는 사람들의 건강을 생각해야 하고, 3. 건강한 식재료로 만든 음식을 함께 나누고자 하는 배려하는 마음이었다. 첫 번째 원칙은 환경보호이다. 농산물 출하는 운송에 따른 차량 공기오염을 줄이는 충남지역 내 단거리 출하 원칙으로 로컬 푸드 직매장, 학교급식, 공공급식, 한살림, 풀무 생협 등에 출하하고 있다. 또한 제가 청양에 귀농하여 살면서 한 해 한 해 청양만의 특징이 있는 좋은 자원들이 많이 있다는 것을 알게 되었다. 이것들의 가치를 찾아 청양만이 가진 색을 전해야 한다 생각하고 필요한 교육을 받았다. 우리 부부는 포도농부와 식생활 지도사가 되어 교육기부 진로체험인증기관을 운영하며 농업을 통해 안정된 삶의 치유를 받으며 건강하게 살고 있다. 22년부터 우수농촌체험농장으로 지정되어 환경보호와 안전한 먹거리에 관한 교육을 학교, 공공기관, 복지시설 등에 푸드마일리지 제로(0)운동, 로컬푸드 활성화 방법, 탄소중립 텃밭체험, 우리는 포도 농부들(10회 참여) 진로직업체험 등의 프로그램을 진행하고 있다. 앞으로 교육생들이 농업에 관련된 직업들에 대해 다양한 경험을 할 수 있도록 청양의 자원활용에 관해 더 많은 관심을 갖고 노력하겠다.

따듯한 아이들

김 영미
(2023년. 시간강사)

지난해, 짧은 기간이었지만 청양중학교와 인연이 닿아 교사로 아이들을 만나게 되었다. 내가 학생이었던 때, 그리고 내 아이들이 학생이었던 때로부터 수많은 시간이 지났고 요즘 아이들이 흔히 말하는 꼰대가 되어버린 내가 과연 아이들과 잘 지낼 수 있을지 걱정이 태산이었다. 내가 교직 이수를 하며 꿈꿨던 아이들의 환한 미소가 기대되면서도 요즘 아이들에 대한 두려움도 있었던 것이 솔직한 마음이었다.

그렇게 설렘과 긴장 그리고 걱정으로 하루하루가 어떻게 지나가는지 모르고 있던 추운 겨울날, 강당에서 합반 수업이 있던 날이었다. 다른 선생님이 계셨지만, 아이들도 많고 안전도 걱정되어 추운 티를 내지 않고 자리를 지키고 있었다. 그때 한 아이가 다가와 "선생님 날이 많이 추운데 들어가 계세요."라고 말을 건넸다. 추운 티를 내지 않았는데 그 아이는 어떻게 내가 추운 걸 알았을까. 그저 장난기 많은 개구쟁이인 줄 알았던 아이가 마치 어른처럼 주위 사람들을 살피고 다정한 한마디를 건넬 줄 아는 아이였다는 걸 알게 된 사소하지만 따듯한 순간이었다.

그때 내 마음속에 있던 벽 하나가 허물어진 것 같다. 긴장과 걱정이 사라진 자리에는 아이들에 대한 애정이 솟아올랐고 아이들 하나하나의 모습이 보이기 시작했다. 멀리서 볼 때는 보이지 않았는데 가까이에서 보니 방황, 아픔, 다툼 속에서도 아이들의 순수하고 따듯한 모습이 선명했다. 추운 겨울을 이겨내고 분명히 피어날 꽃처럼 아이들이 아픔을 이겨내고 지금의 따듯한 모습을 지닌 채로 환하게 피어나기를 기원해 본다.

교사가 되기 위한 걸음마, 청양중학교처럼

최명준

(2023년, 수학과 교생)

작년부터 교육 실습학교를 모교로 희망을 하고 가을 즈음에 미리 공문을 보내서 드디어 청양중학교로 교생 실습을 가게 되었다. 불과 9년 전까지만 해도 청양중학교 학생이었는데 어느덧 청주대학교 수학교육과 학생이 되어 교생으로 학교에 다시 발을 들여 보니 감회가 새로웠다. 학교의 외관만 리모델링을 했고 내부 건물 구조 및 음악실, 미술실 등의 배치는 9년 전 모습 그대로였다. 국공립 중학교여서 학교 다닐 적에 뵀던 선생님들이 많이 계실 줄 알았는데 익숙한 성함은 두 분밖에 안 계셨다. 과학 선생님과 상담 선생님.

처음 뵙는 선생님분들께 인사를 드리고 학교 업무 등에 대해 배우려고 했는데 교생실습 첫 날이 중간고사 시험 기간이라서 이틀간은 교무실에 앉아서 시간표, 학교 소개 및 목표 등을 살펴보다가 끝났고, 그 주 목요일에는 체육대회를 하느라 학생들에게 공식으로 인사도 못했다. 5월 5일엔 어린이날이지만 옆 고등학교에서 청양중학교 학생들이 봉사활동을 한다고 해서 도와드릴 마음으로 고등학교에 찾아갔다. 학생들 급식 지도 및 인솔, 설악초 화분 나르기, 화분 샘플링하기, 폐목재 정리하기, 쓰레기 정리 등의 활동을 했는데 학생의 신분일 때는 지나칠 수도 있는 일들이 교생의 신분으로는 지나칠 수 없는 일이 많았다. 그리고 교사는 주말에도 교과 관련 내용 외에 이러한 다양한 활동을 한다는 것을 몸으로 느꼈다.

   2주차에는 수학 선생님을 따라 다니면서 3학년 수학 수업을 참관했다. 중간 중간에 과학 선생님께서 수업 참관을 제안해 주셔서 수학 외의 교과도 구경할 수 있었다. 스마트폰을 이용한 퀴즈수업, 컴퓨터 프로그램으로 하는 전기회로 작업 등 다양한 수업 방식과 내가 학교 다닐 때는 과학실에서 하던 실험을 컴퓨터로 할 수 있다는 것이 신기했다. 학생들과 상호작용 하는 것과, 45분 수업의 전체적인 틀 등을 배울 수 있어서 좋았다. 국어 선생님께서도 수업 참관을 제안해 주셔서 들어갈 수 있었다. 중학교 때 배웠던 국어를 떠올려보면 국어책을 펴놓고 화자의 목적, 글의 주제, 특징 등을 적어가며 배웠는데 선생님의 국어 수업은 달랐다. 토론, 토의에 대해 배우는 수업이었는데 토론의 주제를 이성에 관한 내용으로 하여 학생들의 이목을 사로잡았다. 이뿐만 아니라 모둠별 토론 중에는 교사가 돌아다니면서 예시나 상황 설명을 해 주면서 토론을 원활하게할 수 있도록 도와주셨는데 이러한 모습은 내가 나중에 교사가 되어서 꼭 필요한 능력이라고 생각했다. 내가 학교에 다닐 때 받았던 국어 수업은 교과서의 글을 읽고 화자의 생각 등을 정리하던 수업이었는데 토론하고 활동하는 국어 수업을 할 수 있다는 것이 신기했다.

교생실습을 하는 동안 수업을 많이 해 보는 것이 더 도움이 될 거라고 하셔서 3주차부터 4주차까지는 수학 수업을 직접 준비해 들어갔다. 이차방정식의 해를 구하는 방법을 크게 인수분해, 제곱근, 근의 공식으로 나누고 제곱근과 근의 공식 파트를 내가 직접 수업했다. 수업을 준비하면서 하루에 어디까지 하면 좋을지 선생님과 의논하기도 하고 제곱근 파트를 제곱근의 정의를 쓰는 파트와 완전제곱식을 만드는 파트로 나누어 가르치는 것이 좋을 것 같다는 등 개념별로 몇 시간 동안 가르칠지도 정했다. 지도서에는 소단원 '0차시~0차시'라고만 나와 있고 구체적으로 어디까지가 한 차시 분량인지 나와있지는 않아서 한 차시 학습 분량을 정하는 것이 조금 어려웠다. 선생님께서 나눠주시는 학습지도 있어서 지난 차시 내용 확인, 개념 한 개 전달, 문제 풀이, 학습지 전달을 하면 시간이 얼추 맞았다. 처음엔 45분을 꽉 채워서 학생들이 어려워했는데 담당 수학 선생님과 상의도 하고 피드백을 받으면서 수업 시간을 조정해 나갔다. 45분을 전부 내가 이끌 수 있어야 한다는 것을 확실히 느꼈고, 수업을 준비하면서 항상 처음 배우는 학생들의 입장에서 설명해 줘야 한다는 교수님의 말씀도 떠올랐다.

가장 기억에 남는 날은 공개수업의 날이다. 3주차부터는 내가 직접 수업을 하는 주여서 하루 하루 수업 준비하고 반성하는 시간의 연

속이었는데 그 사이에 공개수업이 있었다. 수요일에 공개수업을 했는데 1, 2, 3교시가 공개수업으로 잡혀 있었다. 그날 시간표를 확인해 보니 1교시 3학년 3반 수학 수업, 2교시 3학년 2반 수학 수업이 있었다. 3학년 2반 수업을 하던 중 학부모님께서 와서 수업을 보셨다. 정말 값진 경험이었다. 3교시에는 수업이 없어서 교감선생님과 학부모님들과 함께 1학년부터 3학년 그리고 체육관까지 전체적인 수업을 돌아봤다. 평소 보고 싶었던 다른 교과의 수업도 볼 수 있어서 좋았다.

4주 동안이나마 학교를 다니면서 느낀 것은 학생으로 다닐 때와는 다른 청양중학교 분위기였다. 첫째, 수업 방식의 다양화이다. 학교에 다닐 때는 일방적인 강의식 수업을 주로 들었던 것 같은데 교생실습을 하면서 토론 수업, 퀴즈 수업, 컴퓨터를 이용한 전기회로 수업 등 다양한 교수학습 방법 및 도구를 배울 수 있었다. 그리고 이렇게 다양한 교수학습 방법을 수업에 활용하기 위해서 교사가 고민하고 준비해야 할 것들이 더 많다는 것을 알게 되었다. 둘째, 활동의 다양화이다. 학교에서 진행하는 체육활동, 음악제 활동, 동아리활동 등 교과 외의 다른 분야에서도 활동을 해보며 학생들의 호기심을 자극하고 활동참여를 독려할 수 있었던 것 같다. 동아리 활동 시간에 학생들이 보석 십자수를 하던 것이 기억에 남는다. 셋째, 학생들의 자율성 강화이다. 내가 학교에 다닐 때는 방과후 학교도 필수에다가 야간자율 학습 그리고 학원에 가는 것이 일상이었는데 방과후 학교는 '두드림'으로 각 과목별로 학력 부진 학생을 지도하고, 야간자율 학습도 학생들의 선택에 의해서 한다고 들었다. 학생들의 자율적 결정권이 늘어났다는 점에서 9년 전과 많이 달라진 것 같다.

교생실습을 하면서 교과 수업 연구, 5월 연수의 날 회의 참석, 공개수업, 체육대회, 민방위 훈련, 교직원 친선 체육활동(배드민턴, 탁구), 백세공원에서 하는 책 봄 축제, 2023 청양군 청소년 축제 등 다양한 경험을 해 볼 수 있어서 좋았다. 처음엔 모교로 혼자 떨어져 와서 걱정을 했는데 오히려 혼자 떨어져서 다양한 활동을 해 볼 수 있는 기회가 더 많았던 것 같다. 비록 4주라는 짧은 시간이었지만 교생이라는 신분으로 학교를 다니며 나중에 교사가 되었을 때 어떤 일들을 하게 되는지 조금이나마 알 수 있었다. 수학교사를 꿈꾸는 길에 가장 의미있는 교생실습을 한 것 같다. 정식 교사로서 학교로 돌아오는 날이 빨리 왔으면 좋겠다.

아이들의 희망이 자라는 학교, 청양중

김태형
(2023년, 도덕과 교생)

청양중학교는 나의 모교이다. 비록 사정이 있어 전학을 갔기에 졸업을 하지는 못했고 동문회에 소속되어 있지는 않지만, 청양중학교는 분명 내 인생의 중학교 시절 대부분을 보낸 나의 모교이다. 모교의 의미가 누군가에게 있어선 마치 자신의 첫차처럼, 처음 사회생활과 경제활동을 하며 얻은 소중한 자산이자, 추억으로 기억되기 마련이지만, 청양중학교에 교생실습을 오기 전까지 유감스럽지만 청양중학교에 대한 나의 기억은 마냥 무지개빛으로 가득 찬 천국은 아니었다. 그 원인이 당시의 대한민국 학교 전반의 문화이든, 교육에 대한 사회적 인식이든, 청양중학교에서 지낸 약 2년이 행복하지만은 않다.

교생실습을 오기 전 청양중학교에 대한 나의 인식은 위와 같이 매우 복잡했고, 입체적이었지만, 실제 교생실습을 오고 현재 청양중학교에 재학 중인 후배학생들과 재직 중이신 선생님들 그리고 바뀐 교정의 모습을 보며 내 생각은 매우 달라졌다. 단적인 예로 청양중학교는 혁신학교 운영의 일환으로 아이들이 교복착용과 같은 학생들 자신의 생활과 관계된 안건들을 스스로 제시하고 서로 논의하고 투표하여 결정하는 학생자치에 방점을 둔 제도들이 매우 잘 정착되어 있었다. 그리고 점심시간에는 학생회 소속 아이들이 무료(無聊)할 수 있는 긴 점심시간 동안 교내방송시설을 이용하여 신청곡을 받아 재생해주는 음악 라디오 프로그램 같은 것을 운용하기도 했다. 또한 매주 금요일 창의체험활동 시간을 이용하여 아이들은 스스로 선택한 가짓수가 매우 다양한 동아리들에 소속되어 본인이 원하는 취미활동을 즐기는 시간을 가졌다. 이런 모습들은 내가 청양중학교를 다니던 시절에는 없던 일들이었다.

 청양중학교의 학생들은 더 이상 내가 이 학교를 다니던 시절처럼 다른 사람들이 정해준 규율이나 규칙에 따라 사는 피동(被動)적인 상태에 머물러 있지 않았다. 아이들은 자신들의 의견을 정리하여 분명하게 표현함으로써 자기주장을 할 줄 아는 능동적인 학생들로 변해 있었고, 자유로운 동아리 활동과 교내 활동을 통해 자기개발을 하고 자아정체성을 실현하며 진정으로 자신들의 삶을 개척하고 찾아 나가는 훌륭한 아이들로 자라나가고 있었다.

 이런 기적과도 같은 일들은 결코 시간이 흐름에 따라 자연스럽게 일어날 수 있는 일이 아니며, 외부기관이나 일부 인사의 압력이 있다는 등의 타율적인 이유로 인해 일어날 수 있는 일도 아니다. 청양중학교의 학생, 학부모, 교직원, 관리자들을 비롯한 청양중학교 교육가족 일동들이 스스로 청양중학교라는 교육현장을 아이들의 안전과 행복, 삶의 기쁨, 교육권이 보장되는 교육의 양지(陽地)로 바꾸려는 선택을 내린 것이고 그 선택을 따르고자 하는 의지를 충실히 이행했기 때문에, 청양군이라는 지역사회에서 가장 큰 규모이고, 가장 많은 자녀들을 키워내는 청양중학교라는 교육현장을 아이들의 꿈과 희망이 자라나는 요람(搖籃)으로 빚어낸 것이다.

물론 내가 대학교 입학을 한 첫해부터 지금까지 장장 9년 동안 혁신학교로 운영되며 많은 부분이 바뀐 청양중학교에서도 학생들의 고충은 얼마든지 존재할 수 있고, 그런 학생들의 고충을 해결해주기 위해 끊임없는 노력을 기울이는 것 또한 학교 구성원으로서 교사들이 가진 의무일 것이다. 하지만 현재 혁신학교로서 청양중학교는 학생들이 스스로 고충을 해결하기 위해 노력하고 있고, 교사들에게 본인들의 고충을 털어놓고 얘기하며, 해결해 줄 것을 요구하는 열려 있는 제도들이 갖추어져 있기 때문에 '열린 학교'로서 현재만큼 더 밝을 미래도 또한 기대되는 청양교육의 본산(本算)이라고 말하고 싶다.

수업을 마치고
교실문을 닫고
곧
복도에서 안다.
내 수업이 어땠는지

하지만
나아지려고 애쓰는 한
나는 곧
꽤 괜찮은 선생이
될 것이라는 것도 알게 된다.

청솔 인터뷰

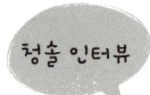

졸업생 인터뷰

인터뷰어: 2023학년도 학생회
참가자: 고수연(73회), 강유민(74회), 김성범(74회), 김예원(76회), 박승수(76회)
　　　　조아랑(76회), 박민서(77회), 이다해(77회), 정지영(77회)

이 인터뷰는 73회부터 77회 졸업생 중 아홉 명의 졸업생이 기억하는 중학교 시절의 소중한 순간들과 혁신학교가 남긴 깊은 인상을 직접 들어볼 수 있는데요. 그들이 경험한 혁신적인 교육과 자율적인 활동 속에서 어떤 배움과 성장을 이루었는지, 지금부터 그들의 진솔한 이야기를 함께 들어보겠습니다.

질문 1.
중학교 생활은 어떠셨나요?

73회 졸업생 고수연

저의 중학교 생활은 행복한 기억 밖에 없었던 것 같습니다. 좋은 선생님들과 좋은 친구들을 만나 꿈만 같은 중학교 시절을 보냈습니다. 공부도 열심히 하고, 놀기도 열심히 놀고, 학생회 활동도 열심히 하며 주어진 상황에 최선을 다했던 것 같습니다. 그리고 또한 청양중학교는 선생님들이 일방적으로 이끌어 가는 학교가 아닌 학생이 주체가 되어 나아가는 학교였다고 생각합니다. 이러한 학교 분위기 덕분에 중학교 생활을 하면서 다양한 활동들을 경험하며 많이 성장하는 계기가 되었습니다.

74회 졸업생 강유민

반장, 자율생활부, 학생회 임원 활동 등 많은 학교 활동에 참여하였는데 이때 학생, 선생님과 교류하며 더욱 밝고 긍정적인 성격을 지닌 학생으로 생활할 수 있었습니다. 친구들과 함께한다는 사실 자체가 즐거웠기에 등굣길을 손꼽아 기다리는 학생 중 한 명이었습니다. 코로나19로 인해 만나지 못하던 나날들도 있었지만, 그 순간들 또한 서로 마스크를 낀 모습을 보며 웃을 수 있었고, 줌 수업 때 조는 친구들의 사진을 찍으며 즐거웠던 순간으로 추억하고 있습니다. 중학교 생활은 저의 수많은 추억 중 가장 행복한 시절이었다고 생각합니다.

74회 졸업생 김성범

제 중학교 생활은 저의 20년 인생 중 가장 빛났던 순간이라고 생각합니다. 저는 3년 동안 반장, 부반장, 방송부, 부학생회장 등 다양한 역할을 하며 친구들이나 선후배와 함께 좋은 학교를 만들어가고자 했습니다. 이 과정에서 사람들을 이끄는 힘과 사람들과 잘 어우러지는 능력을 크게 길렀습니다. 이는 고등학교 생활, 더 나아가 인생을 살아가는데 큰 도움이 되었다고 생각합니다.

76회 졸업생 김예원

저는 2년 동안 학생회 임원으로 활동하면서 많은 선생님, 학생들과 함께 교류하며 학교 생활을 보냈습니다. 때문에 중학교 시절을 떠올리면 항상 행복하고 즐거운 기억들로 가득한 것 같습니다.

76회 졸업생 박승수

제 중학교 생활은 새로운 경험을 할 수 있어, 신비로운 생활이었습니다.

76회 졸업생 조아랑

한 문장으로 표현하자면 그냥 즐거웠다고 말할 수 있을 것 같아요. 다정하시고 친근하셨던 선생님들과 학생들이 직접 기획하고 참여하던 다양한 교내 행사들, 희로애락을 함께 느껴온 친구들이 제 마음속 행복한 추억으로 남아 있습니다.

77회 졸업생 박민서

다닐 땐 몰랐지만 지나고 보니 가장 행복하게 지냈던 3년 같아요. 3년 내내 소중한 추억들이 엄청 많이 생겼고 나중에 커서 보면 학창 시절 중 가장 행복했고 돌아가고 싶은 학교 생활이었습니다.

77회 졸업생 이다해

저는 굉장히 즐거운 중학교 생활을 보냈던 것 같습니다. 이처럼 제가 중학교 생활을 즐겁게 보낼 수 있었던 이유는 우선 청양중학교에 학생들을 먼저 생각하시는 좋은 선생님들이 많이 계시고, 시설적으로도 깨끗합니다. 또한 다양한 행사들이 있어 즐길 거리가 많고, 여러모로 학생들에게 좋은 환경이 갖추어져 있기 때문인 것 같습니다.

77회 졸업생 정지영

대체적으로 재미있었습니다 청양이 그렇게 큰 지역은 아니다 보니 초등학교 친구들도 거의 같이 올라와서 더욱 합이 좋고 특별한 친구들이 된 것 같아 즐거운 중학교 생활이었습니다.

질문 2.
가장 기억에 남는 수업이 있으신가요?

73회 졸업생 고수연

어느 한 특정 수업이 기억 나기보다는 대체적으로 기억에 남아 있습니다. 인상 깊었던 수업들은 일방적인 지식 전달을 목적으로 하는 강의형 수업보다는 학생들과 소통하는 수업이 기억에 남는 것 같습니다. 수업을 들은 후 시간이 지났을 때도 일방적인 강의형 수업보다는 학생들과 소통하며 선생님과 학생이 같이 만들어가는 수업 방식들이 훨씬 머릿속에 오래 남았고 수업도 지루한 것이 아닌 즐겁게 느껴졌습니다.

74회 졸업생 김성범

저는 많은 수업이 인상 깊었지만, 그중에서도 과학과 정보 수업이 가장 기억에 남습니다. 과학 수업은 물리 파트가 가장 재미있었는데, 어려운 여러 가지 물리적 내용을 중학생들도 충분히 이해할 수 있도록 눈높이를 맞춰 설명해 주셔서 과학적 내용을 잘 이해할 수 있었고, 나중에 무엇을 배우게 될지 대략 파악하고 나니 과목에 대한 흥미 또한 더 높아졌습니다. 저는 현재 물리학과에 진학했는데, 이러한 것들이 물리학과에 진학하게 되는 데에 적지 않은 영향을 끼친 것 같아요! 그리고 정보 수업은 엔트리를 통한 간단한 코딩을 수업 시간에 진행했는데, 이러한 수업을 통해 간단한 알고리즘들을 학습하고, 이를 통해 최종적으로 하나의 게임을 만들어보면서 뿌듯함을 느낄 수도 있었습니다.

76회 졸업생 김예원

저는 정규 수업 외에 근로계약서를 작성하는 강의를 들었던 것이 가장 인상적이었습니다. 생활과 직결된 내용에 대해 배우면서 학교가 사회로 나가기 위한 준비를 돕는 역할을 하고 있다고 느꼈기 때문입니다.

76회 졸업생 박승수

청양중학교에서 가장 기억에 남는 수업이라 하면… 중학교 3학년 때 마스크를 드디어 벗어던지고 친구들과 처음으로 얼굴을 보며 수업을 시작하던 때가 가장 기억에 남아요.

76회 졸업생 조아랑

소은숙 선생님과 했던 과학시간 중 교과서 정리하기 활동과 패들렛을 활용했던 수업이 가장 기억에 남아요. 자기주도적 학습이 무엇인지 가까이 와닿았던 시간이었어요. 소은숙 과학 선생님께선 항상 새로운 수업방식을 저희와 함께하기 위해 노력해 주셨어요.

77회 졸업생 박민서

현태쌤의 문법 수업이 기억에 많이 남아요. 현태쌤의 문법 수업을 듣고 공부하면 현태쌤의 목소리가 절 따라다녀서 공부 하는 내내 재미있었어요. 그리고 체육시간도 기억에 남는데 체육 수업이 끝나면 자유시간을 주시곤 했었는데 친구들이랑 같이 얘기하고 노래도 듣고 서로 장난도 치고 친구들이 축구 하는 모습을 보면서 시간 보냈던 그때가 정말 행복하고 좋았어요.

77회 졸업생 이다해

저는 미술발표 수업이 가장 기억에 남습니다. 보통 미술시간에는 그림만 그린다고 많이들 생각하시는데 그림을 그린 후에 발표를 하는 과정을 통해 발표 경험을 쌓을 수 있었고, 내가 그린 그림의 역사라던가 그림과 관련된 내용들을 조사하고 발표하는 과정을 통해서 한번 더 공부를 하게 되는 의미있는 수업이었기에 가장 기억에 남습니다.

77회 졸업생 정지영

중학교 1학년때 수학수업을 모둠수업으로 잘하는 학생과 중간 학생,

그리고 살짝 어려움을 겪는 학생들로 짜서 수업을 했었는데요. 원래 수학수업이라면 어렵게 생각하는 학생들이 대부분 일텐데 이렇게 모둠으로 수업을 하니 더욱 반의 합도 좋아지고 수업도 재미있게 할 수 있었어요. 그래서 가장 기억에 남습니다.

질문 3.
청양중학교만의 특색은 무엇이라고 생각하나요?

73회 졸업생 고수연
청양중학교의 특색은 선생님과 학생 사이의 돈독한 관계라고 생각합니다. 선생님과 학생 사이에 라포가 잘 형성되면서 학생들은 선생님들을 잘 따르고, 선생님들 역시 학생들을 믿어주면서 이것들이 시너지를 내어 학생들이 편하고 즐겁게 학교 생활을 잘 할 수 있었습니다. 그리고 분위기가 좋기 때문에 타지역 학교보다 사건사고도 적게 발생하고 나쁜 길로 빠지는 학생의 수도 현저히 적은 것 같습니다.

74회 졸업생 김성범
청양중학교의 특색은 단연 컴퓨터실에 있다고 할 수 있습니다. 제가 3학년이 되었을 때, 정보 선생님이셨던 오순희 선생님과 친구 몇몇을 모아 동아리를 만들고, 매주 방과후 시간에 컴퓨터실에 모여 3D 프린터와 3D 펜을 자주 만지작거렸습니다. 3D 프린터를 직접 조립하면서 많은 시행착오를 겪기도 하고, 직접 3D 모델링을 진행 및 출력하고 이를 전시하는 경험은 어디에서도 얻을 수 없는, 아주 가치 있는 것이었다고 생각합니다.

76회 졸업생 김예원

청양중학교는 선생님들과 학생들 간의 소통이 자유롭고 건의 사항이 빠르게 반영되어 학생들이 만족감을 얻을 수 있는 환경이 만들어진다는 점이 장점이자 특색이라고 생각합니다.

76회 졸업생 박승수

청양중학교는 학생을 중심으로 움직이는 개방적인 학교인 거 같습니다. 학생들의 교복을 자율화시키고 문제가 되었던 것들을 개선하면서 의미있는 3년을 보낸 거 같네요.

76회 졸업생 조아랑

지금은 어떨지 모르겠지만 제가 학교를 다니던 시절엔 매달 학생 주도 캠페인을 운영하였었는데요. 학생들이 직접 피켓을 만들고 캠페인을 기획하는 점, 학생자치 담당 선생님분들뿐만 아니라 교장선생님, 교감선생님까지 아침 캠페인에 함께해 주셨던 것이 청양중학교의 특색이자 자랑거리라고 생각합니다.

77회 졸업생 박민서

혁신학교가 청양중학교의 특색이라 생각합니다. 학생 스스로 힘을 키우고 자유로운 분위기 속에서 학생들이 주도해 나가는 모습들이 혁신학교를 보여주고 있다고 생각합니다.

77회 졸업생 정지영

청양중학교만의 특색은 그린스마트 미래학교가 아닌가 생각이 듭니다. 전에 그린스마트 미래학교라고 해서 시청각실과 도서관을 새롭게 지은 것으로 알고 있는데요. 그렇게 시청각실과 도서관을 쓰면서 정말 새롭고 좋다고 생각 했었습니다. 이제는 학교 본동도 새롭게 공사하는 것으로 보이는데 다 완성되면 저도 한번 놀러 가볼 생각입니다.

질문 4.
청양중학교의 학생 자치활동은 어떠셨나요?

73회 졸업생 고수연

청양중학교의 학생자치는 학생들이 주도적으로 학교 활동을 만들어가는 분위기라고 생각합니다. 그래서 제가 학생회장이었을 당시에도 체육대회, 축제, 리더쉽 캠프와 같은 학교에서 하는 행사들이나 소소한 활동들을 학생들이 주도적으로 참여하고 선생님들과 소통하며 학생 자치활동을 해왔습니다. 이런 과정을 거치며 저 또한 많이 성장을 하였고 좀 더 주체적인 존재가 된 것 같습니다. 그래서 제가 중학교 시절 때 학생 자치활동은 너무나도 만족스럽고 행복했던 기억들입니다.

74회 졸업생 강유민

청양중학교의 학생 자치활동은 활성화 되어 있다고 자부할 수 있습니다. 매주 반복적이고 심층적인 회의를 통해 학교, 학교의 주인인 학생들에게 도움이 될 수 있는 교칙들을 세워보며 학생으로서 한 단계 성장할 수 있는 밑거름이 되었습니다. 또한 학생들이 회의를 직접 주도함으로써 조금 더 자유롭고, 현실성 있는 의견을 제시할 수 있었다는 점에서 학생 자치활동은 아주 바람직한 모습으로 발전했다고 생각합니다.

74회 졸업생 김성범

저는 청양중학교의 학생 자치활동을 철저히 학생회, 학급회 중심으로 이루어지던 기존 방식으로부터 학교의 모든 학생의 개별적 의견이 반영될 수 있었으면 좋겠다고 생각했습니다. 이러한 학생 자치활동을 하기 위해서 매주 한번 아침시간에 학급회의를 진행하도록 하고, 여기에서 나온 의견을 주기적으로 진행했던 학생회 정기회의에 반영해 진행했습니다. 또한 다수 강압적으로 느껴질 수 있는 선도부를 폐지하고 민주시민부를 새롭게 개설해 강압적인 선배의 지시와 같은 전의 학생자치에 비해 선후배 관계를 벗어나 서로 자유로운 의견 교환이 가능한 학교를 만들고 싶었습니다. 또, 제가 중학교 생활을 할 때 한창 대두되고 있던 것이 바로 '학생인권조례'였습니다. 교감선생님의 제안으로 함께 학생회를 이끌었던 이다영 학생과 학생인권조례를 중심으로 한 토론 자리에 나간 적이 있었는데, 이를 통해서 학생의 인권과 교권 사이의 균형에 대한 다른 중, 고등학교 학생들과 의견을 나누며 저만의 가치관을 확립해 이를 학칙에 적용하고자 했습니다. 비록 COVID-19로 인해 학생회 활동에 긴 공백이 생겨 이러한 요소들을 전부 진행할 만큼의 시간이 없어 아쉬웠지만, 이러한 경험이 저에게 뜻깊은 것임은 틀림없습니다.

76회 졸업생 김예원

저는 청양중학교의 민주시민부장과 차장으로 활동했던 경험이 있습니다. 이때 학교생활규정 개정 과정에 참여하고 여러가지 캠페인 활동을 준비하면서 민주시민의 역량을 기를 수 있었고, 공동체와 협력의 중요성을 몸소 느낄 수 있었던 시간이었습니다.

76회 졸업생 박승수

청양중학교의 학생자치는 학생 중심으로 이루어졌기 때문에 정말 만족하며 지냈습니다. 저는 중학교 3학년 때 문화부 부장으로 임명받아 1년간 학생회 부서에서 일을 한 적이 있는데요. 청양중학교의 학생회 부서는 정말 체계적이고 잘 나뉘어져 있어 다같이 행복하게 고생했던 기억이 나네요.

76회 졸업생 조아랑

우선적으로 선생님들의 적극적인 지지가 학생 자치활동의 든든한 받침이 되었던 것 같아요. 선생님들이 학생들의 의견을 경청해 주시고 활동 방향과 목표를 설정하는 데에 있어 많은 도움을 주셨기 때문에 학생회가 학생 자치활동을 활발히 해나갈 수 있었습니다!

다만 생활하는 공간이 구분되어 있고 부딪힐 일이 많이 없으니 학년 간의 소통이 조금 어려웠던 것이 아쉬웠어요. 학년간 친분을 쌓을 기회를 학생회와 학교가 마련했다면 좋지 않았을까 생각이 드네요.

77회 졸업생 박민서

학생자치회는 학생들의 관심과 참여로 활발하게 움직였습니다. 학생들의 의견을 반영하여 계획을 세우고 실천했기 때문에 더욱 큰 호응을 얻었으며 언제나 좋은 결과를 가져올 수 있었습니다.

77회 졸업생 이다해

청양중학교는 학생 자치활동이 굉장히 활성화된 학교라고 생각합니다. 그 이유는 우선 정기적으로 학급 회의나 대의원회를 열어 학생들의 의견을 교환하는 시간을 가졌습니다. 그리고 이를 적극적으로 반영했습니다. 또한 저희 학교에 급식 순서와 관련하여 회의가 진행되었는데요. 이때 학생들이 머리를 맞대어 함께 학생인권조례를 찾아보고 회의하며 서로 의견 교환을 한 끝에 오직 학생들의 힘만으로 급식순서와 관련한 문제를 해결할 수 있었습니다. 이와 같은 일들로 보아 청양중학교는 학생자치가 굉장히 활발하고, 활성화된 학교라고 생각합니다.

77회 졸업생 정지영

학생 자치활동은 처음엔 서로 어색하고 의견도 잘 안 내는 분위기였는데 리더십캠프를 학기에 한번씩 가서 부서별로 서로 협력하여 게

임도 하고 점점 친해지는 분위기가 만들어져서 학생들도 편한 분위기에서 의견도 잘 내주고 아이디어들이 너무 좋아서 잘 이끌어 나갈 수 있었습니다.

질문 5.
중학교 생활 중 가장 기억에 남는 것은?

73회 졸업생 고수연

가장 기억에 남는 활동은 학교 생활을 하면서 일주일 정도 독일에 갔다온 것입니다. 충남에 있는 중·고등학생들 몇 명이 모여 분단국가였던 독일이 통일국가가 된 역사를 배우는 기회로 직접 독일에 가게 되었습니다. 직접 역사의 현장을 보고 들으며 정말 많은 것을 느끼고 왔습니다. 아직까지도 기억이 생생하며 절대 잊을 수 없는 경험이었습니다. 이러한 역사 탐방 기회들 역시 청양중학교와 선생님들의 도움이 없었더라면 평생 경험해보지 못할 추억이기에 중학교 생활을 하며 가장 기억에 남는 활동입니다.

74회 졸업생 강유민

청양중학교에서 3년을 재학하며 가장 기억에 남는 것은 단연 김준현 선생님께서 담임이셨던 2학년 4반입니다. 자유롭지만 질서가 있는 반 분위기를 만들어 주신 탓에 한 명도 빠짐없이 모든 친구가 하하 호호 웃으며 학교생활을 할 수 있었고, 교과 선생님들께도 '항상 분위기가 좋은 반'이라는 타이틀도 얻을 수 있었습니다. 그리고 2학년 4반이 있었기에 제 인생에 있어 가장 소중한 사람인 '강배송'을 결성할 수 있었습니다. 이 친구들은 현재 저에게 없어서는 안 될 존재들이 되었고 아직도 그때의 사진과 동영상을 꺼내보며 웃고 떠들기 바쁩니다. 중2병을 이겨내고 친구, 선생님과 정말 즐거운 하루하루를 보냈기에 2학년 4반이 가장 기억에 남는다고 확신합니다.

74회 졸업생 김성범

저는 중학교 시절 선생님들과 친하게 지냈었는데, 3학년 때 학년 부장을 맡으셨던 역사 선생님 최진이 선생님과의 일화가 기억에 많이 남습니다. 지금은 중학교 건물에 갈 수가 없고, 운동장에 새롭게 설치된 임시 교실에서 수업을 진행하는 것으로 아는데, 제가 중학교에 다니던 때 중학교 건물 앞에는 화단이 있었습니다.

 최진이 선생님께서 청양중학교로 오시기 전에는 그저 황량한 땅이었지만, 선생님이 오셔서 화단을 가꾸기 시작하고, 학생들의 등굣길을 화사하게 맞이해주는 꽃들로 가득 차게 되었습니다. 하지만 화단에는 꽃의 영양분을 훔쳐 가는 도둑들이 있는데, 그것들이 바로 잡초였습니다. 잡초를 뽑아보신 분들은 아시겠지만, 잡초를 뽑는 게 쉽지 않은 일입니다. 선생님께서 하루 종일 수업하시고 화단까지 관리하기에는 쉽지 않으셨겠죠. 그래서 선생님께서 저의 친구들과 저에게 역사 시험 점수를 걸고 내기를 하셨는데, 결국 시험을 망쳐 친구들, 선생님과 함께 방과후 늦은 시간까지 잡초를 뽑고 교무실에서 직접 내리신 시원한 차를 주셨는데, 그때 그 맛은 아직도 잊을 수 없습니다.

76회 졸업생 박승수

중학교 1학년 시절 코로나 -19 바이러스로 인해 늦게 개학하여 학교에 온 것이 가장 기억에 남는데요. 오랜 기다림 끝에 새로운 친구들을 만날 수 있었기에 너무 설렜고 행복했던 순간이라고 생각해요.

76회 졸업생 조아랑

저는 급식건의함에 먹고 싶은 메뉴를 적어 넣으면 나중에 급식으로 나왔던 것이 기억에 가장 남아요! 제가 적었던 메뉴가 급식으로 나올 때마다 신기하고 기뻐했던 기억이 나네요. 학생의 의견을 최대한 반영해주셨던 영양사 선생님께 감사했다는 말씀을 꼭 전하고 싶습니다.

77회 졸업생 박민서

많은 행사가 있었지만 학교의 마지막 축제였던 청솔축제가 가장 기억에 남는 거 같습니다. 마지막으로 친구들과 함께했던 학교행사라 인상이 가장 깊었고 여운이 가장 컸었습니다. 축제가 재미있기도 했지만 친구들이랑 같이 축제 준비하는 과정들이 재미있었습니다. 그리고 행사말고도 그냥 쉬는시간, 점심시간에 친구들이랑 모여서 시간 보냈던 기억이 가장 행복했던 거 같아요.

77회 졸업생 이다해

저는 중학교 생활을 하면서 3학년 때 친구들과 글램핑장을 간 것이 가장 기억에 남는 것 같습니다. 솔직히 처음에는 학교와 멀리 떨어져 있는 곳에 가지 않고 가까운 글램핑장을 가는 게 마음에 들지 않았습니다. 그러나 글램핑장에 도착한 순간 저의 생각이 틀렸다는 것을 깨달았습니다. 도착하자마자 더위에 신경질 난 우리를 잠재우듯 탁 트인 수영장이 눈앞에 펼쳐졌습니다. 그렇게 시원한 수영장에 다같이 들어가 즐겁게 놀고 나서 지친 것도 잠시 고기를 무한리필로 먹을 수 있단 사실에 신이 나 고기를 구워 먹었습니다. 고기를 다 먹은 후엔 친구들끼리 삼삼오오 모여 떠드는데 아직도 그때를 생각하면 슬며시 미소가 지어질 정도로 좋은 추억으로 자리 잡은 것 같습니다.

77회 졸업생 정지영

아무래도 현장체험학습이나 리더십캠프 같은 게 더욱 기억에 남는 거 같은데요. 저는 중학교 3학년 때 갔던 글램핑이 제일 기억에 남는 거 같습니다. 친구들과 추억을 쌓을 수 있는 기회라고 생각했었고 그 기회를 잘 활용한 것 같아 기억에 남습니다.

질문 6.
하고 싶은 말(기억에 남는 선생님 안부, 중학교가 더욱 성장할 수 있는 조언 등 하고 싶은 이야기)

73회 졸업생 고수연

저는 아직도 가장 인생에서 행복했던 순간을 뽑으라고 하면 중학교 때인 것 같습니다. 이런 중학교 생활을 청양중학교에서 해서 좋았고, 청양중학교 덕분에 행복한 중학교 시절을 보낼 수 있었던 것 같습니다. 초등학교 때보다는 좀 더 주체적이고 자율적인 삶을 살 수 있었고 고등학교 때보다는 공부와 진로의 부담을 좀 덜 느껴도 되는 시기이기에 지금 당장은 힘든 시기라고 생각이 들겠지만, 좀 더 힘내서 중학교 생활을 마음껏 즐기며 나중에 돌아봤을 때 후회가 남지 않을 중학교 생활을 모두 보내셨으면 좋겠습니다.

74회 졸업생 강유민
정말 많은 선생님이 계시지만… 전용수 선생님, 이향미 선생님, 신영섭 선생님, 김준현 선생님, 김희재 선생님! 잘 지내고 계신가요? 그때 그 시절 선생님들이 계셨기에 제가 이렇게 성장할 수 있었고 누구에게나 인정받는 밝고 긍정적인 사람으로 자랄 수 있었습니다. 정말 어린 저였지만 항상 보듬어 주시고 조언을 아끼지 않아 주셔서 감사하다는 말씀을 지금에서야 이 자리를 빌려 드려봅니다. 선생님들의 은혜 잊지 않고 항상 기억하며 제게, 학생들에게 보여주셨던 모습처럼 베풀고, 존경받고, 존중받는 멋진 어른이 될 수 있도록 노력하겠습니다. 자랑스러운 제자가 될 테니 꼭 지켜봐 주세요. 항상 감사하고 사랑합니다.

76회 졸업생 김예원
학교는 학생들에게 행복한 곳이어야 한다고 생각합니다. 다신 돌아오지 않을 그 시절의 행복이 삶이라는 길고 긴 모험 중 큰 버팀목이 되어준다고 생각합니다. 다행히도 제게 청양중학교는 그런 곳이며, 그러한 행복의 기회를 만들어주신 청양중학교 선생님들께 진심으로 감사합니다.

76회 졸업생 박승수
백신을 맞으면 부작용이 있듯 청양중학교도 무엇인가 좋은 순간이 오면 안 좋은 시련이 오기 마련인 거 같습니다. 졸업생으로서 학교가 더욱 발전되어 어른이 되어서도 학교가 건장하게 남아있게 해주셨으면 좋겠습니다.

76회 졸업생 조아랑
저는 청양중학교가 평등하고 민주적인 분위기가 형성되어 있는 곳이면 좋겠다고 생각해요. 물론 지금도 학생자치가 활발히 이루어지며 평등과 민주적 가치가 실현되는 청양중학교이겠지만 더더욱 성장하길 바란다는 말이죠! 그러기 위해선 선생님과 학생 사이의 관계는 서로가 적이 아니라 한 팀이라는 생각을 항상 지니는 것이 중요한 것 같아요. 그리고 앞서 다섯 번째 질문에서 답했듯이 선후배 관계가 조금 더 친근하게 형성되고, 서로가 서로를 배려하고 이해하는 문화가 형성된다면 청양중학교가 더더욱 성장해 나갈 수 있을 것이라고 생각을 해봅니다. 청양중학교 파이팅!

77회 졸업생 박민서
중학교 3학년이었던 저희를 책임지고 가르쳐주신 존경스러운 선생님들께 감사하다고 전하고 싶어요. 선생님들 덕분에 저희는 고등학교에 올라와 좀 더 의젓한 모습으로 지낼 수 있게 된 거 같아요. 고등학

교에서 열심히 해 더 좋은 모습으로 선생님들 뵙겠습니다. 감사하고 사랑해요♥

77회 졸업생 이다해

저는 아무래도 전현태 선생님이 가장 기억에 남는 것 같습니다. 3학년 때 담임 선생님이시기도 했고, 위트 있으셔서 애들이 정말 많이 좋아했거든요. 진짜 츤데레의 정석이라고 해야 할까요? 앞에서는 장난스럽게 말씀하시지만 뒤에서는 누구보다 저희를 생각하고, 챙겨주시는 선생님인걸 알기에 가장 기억에 남는 것 같습니다. 또한 제가 존경하고, 많이 좋아하는 선생님이신 만큼 조만간 또 찾아뵐 생각입니다.

그리고 현재 중학교에 다니는 학생분들에게 해주고 싶은 말이 있는데요. 그건 바로 처음엔 싫었던 일도 나중에는 분명 추억이 된다는 겁니다.

합창제와 축제를 준비하며 다툼이 있을 겁니다. 여러 명이 한 개의 의견으로 통합한다는 게 쉬운 일은 아니잖아요? 분명 불만이 생길 거고 서로 감정을 상하게 하는 일이 있을 겁니다. 그렇지만 그러한 일들을 겪고 나면 여러분은 분명 한 단계 더 성장해있을 거라고 자신있게 얘기할 수 있어요. 물론 저도 그 당시에는 스트레스도 많이 받고, 화도 냈었어요. 그러나 지나고 보니 그땐 그랬지 하며 애들끼리 웃고 넘기는 일이 되더라구요. 그러니 너무 스트레스 받지 말고 의견 차이 있는 게 당연한 거다. 라며 넘겨버리세요. 어차피 마지막엔 해결하게 되어 있으니까요 아시겠죠? 다들 중학교 생활 화이팅 하세요!

77회 졸업생 정지영

3년 동안 청양중학교에 다니면서 너무 좋고 재밌는 추억 많이 많이 쌓고 간 거 같아요. 선생님들도 너무 착하시고 의견을 잘 들어주시는 선생님들만 계셔서 딱히 불만 없이 3년이 훅 지나간 거 같아요. 너무 감사하다는 말 드리고 싶습니다. 앞으로 들어올 학생들도 청양중학교에서 즐거운 추억 많이많이 쌓고 고등학교 오면 좋을 거 같아요. 감사합니다.

청솔 인터뷰

자율성을 중시하는 혁신적인 교육
－혁신학교 10기, 3학년 신재호 인터뷰

> 혁신학교 10기 졸업 예정인 3학년 재학생에게 가장 기억에 남는 수업과 혁신학교로써의 우리학교만의 특색에 대해 들어보는 시간을 가졌습니다.

Q. 짧게 소개 부탁드려요 ^^ (나만의 매력 포인트 포함!)

안녕하세요! 저는 청양중학교 3학년 신재호입니다. 다양한 경험을 통해 성장하고 도전을 즐기는 사람입니다. 특히 문제 해결 능력이 뛰어나며, 언제나 긍정적인 자세로 새로운 도전을 받아들이는 것이 저의 큰 매력 포인트라고 생각해요.

Q. 혁신학교 3년 동안 공부하면서 가장 기억에 남는 수업이나 활동이 있다면 무엇이었나요? 그 이유는 무엇인가요?

가장 기억에 남는 활동은 프로젝트 기반 학습(PBL)입니다. 이 수업에서 팀원들과 함께 실생활 문제를 해결하는 과정을 경험하면서, 협력의 중요성과 창의적인 사고를 배울 수 있었습니다. 실질적인 문제를 다루며 배운 것들이 지금도 제 삶에 큰 도움이 되고 있습니다.

Q。 우리 학교의 교육 방법 중 다른 학교와 비교했을 때 특별하다고 생각하나요?

네, 우리 학교의 교육 방법은 매우 특별하다고 생각합니다. 특히 학생 중심의 수업 방식과 자율적인 학습 환경이 좋다고 봅니다. 학생들이 스스로 학습 계획을 세우고 실천할 수 있는 기회를 많이 제공해주는 점이 특히 인상적입니다.

Q。 혁신학교 교육을 통해 나의 삶에 영향을 주었다고 생각하나요? 그렇게 생각한다면 어떤 점이 영향을 줬다고 생각하나요?

네, 혁신학교에서의 교육은 제 삶에 큰 영향을 주었습니다. 특히 스스로 생각하고 문제를 해결하는 능력을 기를 수 있었던 점이 가장 큰 영향이라고 생각해요. 다양한 프로젝트와 토론을 통해 논리적 사고와 협력의 가치를 배우게 되었습니다.

Q。 우리 학교를 소개하는 에세이를 쓴다면?

우리 학교는 학생들이 주도적으로 학습하고 성장할 수 있는 환경을 제공합니다. 전통적인 교육 방식에서 벗어나 창의성과 협력, 자율성을 중시하는 혁신적인 교육 철학이 돋보입니다. 이곳에서 저는 단순한 지식 습득을 넘어, 스스로 생각하고 행동할 수 있는 힘을 길렀습니다. 다양한 활동과 프로젝트를 통해 얻은 경험은 제 삶에 큰 자산이 되었습니다. 저희 학교는 미래의 리더를 꿈꾸는 학생들에게 최적의 교육 환경을 제공한다고 자신 있게 말할 수 있습니다.

> 청솔 인터뷰

3년간 혁신학교에서 공부하며
― 혁신학교 10기, 3학년 강채민 인터뷰

Q. 짧게 소개 부탁드려요 ^^ (나만의 매력 포인트 포함!)

안녕하세요! 저는 청양중학교에 재학 중인 3학년 강채민입니다. 발표와 활동을 좋아하는 저는 학교에서 다양한 기회를 통해 제 열정을 표현하는 것을 즐깁니다. 교내 행사나 동아리 활동에서도 적극적으로 참여하는 것은 물론, 다양한 사람들과 소통하고 새로운 도전을 통해 성장하는 것을 좋아하는 편입니다.

Q. 혁신학교 3년 동안 공부하면서 가장 기억에 남는 수업이나 활동이 있다면 무엇이었나요? 그 이유는 무엇인가요?

제가 3년간 혁신학교에서 공부하며 가장 기억에 남는 활동으로는 학년 글램핑입니다. 학년 전체와 함께한 글램핑은 정말 뜻깊고 의미 있는 경험이었습니다. 자연 속에서 친구들과 함께하며 소중한 추억을 쌓을 수 있었고, 서로 더 가까워지는 기회가 되었습니다. 서로의 다름을 이해하고 배려하는 법을 배울 수 있었습니다. 이번 경험을 통해 혁신적인 교육의 일환으로 협력과 함께하는 즐거움의 가치를 깊이 느낄 수 있었습니다.

Q. 우리 학교의 교육 방법 중 다른 학교와 비교했을 때 특별하다고 생각하나요?

혁신학교의 학생으로서 지난 3년간 혁신적인 교육 방식을 경험하며 성장해왔습니다. 특히, MYP 세계시민 교육의 일환으로 3학년 학생들이 조를 이루어 직접 조사하고 발표하는 활동은 매우 의미 있었습니다. 이 과정에서 협력과 창의적인 문제 해결 능력을 기를 수 있었고, 다른 학교와 비교해 우리 학교의 교육이 얼마나 특별한지를 깊이 느낄 수 있었습니다. 우리 학교는 혁신적인 교육 방식을 통해 창의적이고 협력적인 학습 환경을 제공하며, 혁신학교의 특성을 잘 살린 활동들이 학생들에게 다양한 배움의 기회를 제공하고 있어 특별하다고 생각합니다.

Q. 혁신학교 교육을 통해 나의 삶에 영향을 주었다고 생각하나요? 그렇게 생각한다면 어떤 점이 영향을 줬다고 생각하나요?

혁신학교인 청양중학교에서의 경험은 제 삶에 깊은 영향을 미쳤습니다. 우리 학교는 창의적이고 협력적인 학습 환경을 제공하여, 제 잠재력을 최대한으로 끌어내는 데 큰 도움을 주었습니다. 혁신적인 교육 방식 덕분에 다양한 배움의 기회를 경험하며, 협력과 창의성을 한층 발전시켰습니다. 이러한 경험은 제게 문제 해결 능력과 팀워크의 중요성을 깨우쳐 주었고, 나아가 다른 학교와는 다른 특별한 교육의 가치를 깊이 이해하게 해주었습니다.

Q. 우리 학교를 소개하는 에세이를 쓴다면?

청양중학교는 10년 차 혁신학교로서, 창의적이고 협력적인 학습 환경을 제공합니다. 혁신적인 교육 방식과 다양한 활동을 통해 학생 개개인의 잠재력을 최대한으로 이끌어 내며, MYP 세계시민 교육과 프로젝트 기반 학습 등은 학생들의 협력과 창의성을 한층 발전시킵니다. 다양하고 혁신적인 프로젝트를 통해 자기 주도적 문제 해결 능력과 사회적 책임감을 기르는 기회를 제공합니다. 이러한 특별한 교육 경험은 학생들에게 깊이 있는 배움과 실생활 문제 해결 능력을 길러줍니다.

청솔 인터뷰

어울림의 가치를 실현하는 청양중학교!
— 2022 하반기 청양중학교 학생회 인터뷰

> 2022년 학생회장으로 바쁜 하루하루를 보내고 있는 김단우 학생을 만나보았다. 학생들의 투표로 선출된 김단우 학생회장은 청양중학교의 어울림을 중요한 공약으로 생각하고 소외되는 학생 없이 모든 학생들이 어울리는 학교를 만들기 위해 노력해왔다고 한다. 다음은 김단우 학생회장과의 1문 1답을 나눈 것이다.

Q. 먼저 자기소개를 부탁한다.

2022학년도 청양중학교 학생회장 3학년 2반 김단우라고 한다. 학생회장으로 학생들이 행복한 학교를 만들기 위해 학생회 학생들과 노력하고 있다. 졸업까지 얼마 남지 않았지만 남은 기간 동안 후회없는 중학교 생활을 하고 싶다.

Q. 우리 학교의 장점이 무엇이라고 생각하는가?

학생들이 자유로운 분위기의 학교에서 착하고 재밌는 학교생활을 즐기고 있는 것 같다. 선생님들도 다 학생들을 아껴주시고 학생들과 호흡이 잘 맞는 느낌이라고 생각한다. 또 선후배 사이가 좋은 것이 장점이라고 생각한다.

Q. 출마할 때, 공약에 무엇이 있었고, 무엇을 가장 중요한 공약이라 생각하며 얼마나 지켜지고 있는가

출마할 때 어울림, 경청, 쾌적함이라는 비전을 내세웠는데 그 중 가장 중요하게 생각했던 건 어울림이었다. 대의원회와 학생 다모임, 학생회의 각 분과별 회의를 통해 경청의 가치를 실현하였고, 학생회에서 계획하고 주관한 다양한 캠페인과 행사들이 어울림이라는 비전을 충족해 주었다고 생각한다.

Q. 2022 청양중 학생회가 자랑하는 부분은?

의견 반영이 잘 된다는 것이 장점이라고 생각한다. 또 문제가 생겼을 땐 각 부에서 자유롭게 회의를 열어서 그 문제를 해결해 나가려고 열정적으로 참여하는 부분을 좀 자랑할 수 있다고 생각한다.

Q. 앞으로 임기가 얼마 남지 않았는데, 아쉬운 점이 있는가?

공약 중에서 실천하지 못한 게 있어서 아쉽고 미련이 남는다. 열정이 부족했던 걸까 싶어 반성하고 있다. 학생회장 자리에서 재밌기도 했고, 힘들 때도 있었지만 항상 뿌듯함과 열정을 느끼고 있었는데 남은 시간이 얼마 남지 않아 이런 기분들을 더는 못 느낀다는 점이 아쉽다.

Q. 남은 시간 동안 어떤 학교를 만들어가고 싶은가?

일단 지금보다 조금 더 행복하고 따뜻한 학교 분위기가 조성되고, 학생들이 재밌게, 즐기며 학교를 다닐 수 있는 그런 학교를 만들고 싶다.

Q. 남은 임기 동안 추진하고 있는 행사가 있는가?

크리스마스 행사를 한번 추진해 볼 생각이고 축제 등 아직 남은 행사들이 있으니 기대해 주셨으면 좋겠다.

Q. 임기가 다 끝난 뒤 학우들에게 어떤 학생회로 기억되고 싶은가

어떤 학생회로 기억되고 싶은지는 솔직히 잘 모르겠고 그냥 학생회의 존재와 하는 활동들에 대해서 학생들이 조금은 알아주셨으면 좋겠다.

Q. 마지막으로 학우들에게 자유롭게 한마디 부탁한다.

감사했고 덕분에 재밌고 즐겁고 행복하게 학교를 다닐 수 있었던 것 같습니다. 사랑합니다.

(2022년 청솔신문)

청송 인터뷰

도서관은 소중한 배움의 공간
– 도서부장, 조아랑(76회 졸업생) 인터뷰

2022년 중학교 3학년때 도서부장으로 활동했던 조아랑 졸업생과 인터뷰를 진행했습니다. 조아랑 졸업생은 현재 학교도서관 이사 전, 후와 사서교사가 있기 전, 후를 모두 경험하여 인터뷰하기 좋다 생각하여 인터뷰를 진행했습니다.

1. 간단한 자기소개 부탁합니다.

안녕하세요 청양중학교 졸업생 청양고등학교 2학년 조아랑입니다.

2. 학교도서관 건물이 생기기 전과 후의 차이점이 있나요?

건물이 생기기 전, 학교 본관 내에 자리 잡고 있던 도서관은 시간의 흐름 속에 노후화되어 있었습니다. 오랜 기간 적절한 관리가 이루어지지 않아 책들이 뒤섞여 있어 필요한 자료를 찾는 데 많은 어려움이 있었습니다. 더구나 교실과 유사한 딱

딱한 구조로 인해 학생들이 자주 찾기를 꺼려했던 공간이기도 했습니다.

하지만 새로운 도서관 건물이 들어서면서 상황은 크게 달라졌습니다. 다양한 테마의 편안한 공간들이 마련되어, 책을 읽는 것 외에도 학생들이 자유롭게 휴식을 취하거나 토론을 할 수 있는 장소가 되었습니다. 정적이고 딱딱했던 분위기는 사라지고, 따스하고 활기찬 분위기가 조성되었죠. 이러한 변화로 인해 도서관은 단순한 책 보관소를 넘어, 학생들이 정기적으로 방문하고 싶어 하는 매력적인 공간으로 거듭났습니다.

3. 사서 선생님이 있기 전과 후의 차이가 있었나요?

저는 도서관 건물이 생기기 전부터 도서부 활동을 해왔는데요. 사서 선생님께서 오신 후에는 도서부 활동이 훨씬 더 다채롭고 풍성해진 것 같습니다.

새로운 도서관에서 학우들을 대상으로 다양한 독서 관련 행사를 기획하고 운영해볼 수 있었습니다. 책 소개 행사, 독서 토론회, 저자 초청 강연 등 다양한 활동을 통해 학생들이 책과 더욱 가까워질 수 있도록 노력했습니다. 또한 도서관 홍보 캠페인, 도서 정리 및 관리 등 도서관 운영과 관련된 업무도 직접 수행해볼 수 있었습니다.

이처럼 책과 관련된 다채로운 활동들을 사서 선생님과 함께 진행하면서 더욱 열정적으로 즐기며 참여할 수 있었습니다. 특히 책이나 도서관에 대한 궁금증을 선생님께 편하게 여쭤볼 수 있어 큰 도움을 받았습니다. 선생님의 전문적인 지도와 조언으로 도서부 활동이 한층 풍성해질 수 있었습니다.

4. 학교도서관을 통해 얻은 점? 배운 점?

학교 도서관은 제게 많은 것을 배울 수 있는 소중한 공간이 되었습니다. 책과 더욱 가까워질 수 있었고, 다양한 경험을 쌓을 수 있었습니다.

무엇보다도 책에 대한 애정과 관심이 깊어졌습니다. 책을 소개하고 추천하는 활동을 하면서 책의 가치와 중요성을 깊이 있게 깨달을 수 있었습니다. 책을 통해 새로운 지식과 통찰을 얻고, 삶에 대한 통찰력을 기를 수 있었습니다. 이처럼 학교 도서관은 단순히 책을 읽는 공간을 넘어서, 다양한 경험과 배움의 기회를 제공해주는 소중한 공간이 되었습니다. 더 나아가 협업 능력과 리더십 등 다양한 역량도 기를 수 있었습니다.

5. 청양중학교에 하고 싶은말(마무리)

저는 청양중학교에 다녔을 때 다른 학교 친구들에게 항상 자랑했던 것이 도서관이었던 것 같아요. 멋진 도서관에서 지식을 쌓았다는 점이 제 기억에 오래오래 남을 것 같습니다.

학교 도서관은 제게 많은 것을 배울 수 있는 소중한 공간이 되었습니다. 책과 도서관에 대한 애정과 이해가 깊어졌고, 다양한 역량도 기를 수 있었습니다. 이러한 경험을 바탕으로 졸업한 중학교에 전하고 싶습니다. 학생들이 도서관을 통해 책과 더욱 가까워지고, 새로운 배움의 기회를 얻을 수 있기를 바랍니다. 또한 사서 선생님의 전문적인 지도와 열정이 학생들에게 큰 도움과 동기부여가 되기를 희망합니다.

중학교 시절 도서관에서 보냈던 시간들이 저에게 큰 영향을 미쳤듯이, 현재의 학생들에게도 도서관이 소중한 배움의 공간이 되기를 기원합니다. 감사합니다.

청양중학교
푸르고 맑은 마을
아이들의 활동

자치의 씨앗, 혁신의 꽃을 피우다

김준헌

(2019. 3. 1. ~ 현재, 교사)

학생 자치활동을 하며…

2019년 청양중학교에 첫 발령을 받고, 혁신학교 2기(2019년~2022년)와 3기(2023년, 2024년) 동안 학생자치를 꾸준히 맡아왔다. 처음 청양중학교에 부임했을 때, 혁신학교 1기 4년차를 맞이하고 있었다. 당시 국어과 임두빈 선생님과 체육과 오강석 선생님을 중심으로 활발하게 운영되던 학생자치는 그야말로 전성기였다. 특히, 학생회장을 중심으로 각 부서의 부장들이 합심하여 학생자치의 중요한 역할을 해냈다. 월별, 분기별로 정기적으로 열리는 대의원회와 학생 다모임은 매우 인상적이었다. 다른 학교에서 기간제 교사로서 학생자치를 2년 동안 운영한 경험이 있었기에, 이러한 모습이 더욱 새롭게 느껴졌다.

학생들이 스스로 학교생활에 필요한 규칙과 질서를 토의하여 결정하고 실천하는 것은 의미 있는 일이었다.

2020년부터는 학생회를 구성하는 방식에 변화가 생겼다. 학생회장단이 임원들을 지명하는 것이 아니라, 서류 심사와 면접을 통해 선발하는 방식으로 바뀐 것이다. 전교생이 300명이 채 되지 않는 작은 학교에서 50명 이상의 학생들이 학생회에 지원하는 모습은 청양중학교의 학생자치가 얼마나 활발했는지를 보여준다. 그 과정은 결코 쉽지 않았지만, 청양중학교의 학생자치가 더욱 건강하고 민주적인 방향으로 나아가기 위한 필수적인 과정이었다.

학생 참여와 자치 활동을 통한 민주적 학교 문화 형성

학생회의 참여 활동 중에서 대표적인 예로는 학생 다모임, 대의원회, 설문조사, 건의함 운영, 사연방송, 그리고 학교운영위원회에서의 학생 대표단 참여 등이 있다.

먼저, 학생 다모임은 학기별로 한 번씩 운영되며, 학생들의 의견을 수렴하고 이를 학교 운영에 반영하는 중요한 역할을 한다. 예를 들어, 최근 학생 다모임에서는 교복 착용에 관한 안건이 논의되었고, 학부모들로부터 교복 착용을 권장해달라는 지속적인 요청이 있었다. 이에 대한 학생들의 의견을 다모임에서 수렴한 결과, "학생은 자신의 용모에 관해 자기 결정권을 가진다."라는 기존 규정에 "단, 교복 착용을 권장한다."라는 내용을 추가하게 되었다. 이 과정에서 학생들은 민주주의의 핵심인 상호 존중과 타협을 경험할 수 있었다.

　대의원회는 학생회장단, 각 부서의 부장과 차장, 그리고 학급 대표들로 구성된 학생자치회의 중요한 조직 중 하나이다. 학생 다모임이 자주 개최되기 어려운 현실을 고려하여, 대의원회는 학생들의 이견을 대표적으로 수렴하고 의사결정을 내리는 역할을 한다. 올해 대의원회에서는 학년별 급식 순서, 학급 자치규약 발표, 교복 착용 규정, 바른 학교생활 수칙, 학생참여예산 사용계획 등 학교 공동체 생활에 필수적인 사항들에 대해 다각적으로 논의하였다.

　설문조사는 온·오프라인을 병행하여 실시되며, 학교폭력 실태 조사, 교육활동에 대한 피드백, 학교생활규약 관련 사항 등 다양한 주제를 다룬다. 이 과정에서 학생들은 학교의 방향성을 이해하고, 그 방향에 맞춰 자신의 의견을 표출할 수 있는 기회를 가지게 되었다.

　건의함 운영은 2023학년도 학생회장단의 공약 중 하나로, 기존에 있던 유명무실했던 건의함을 활성화시키기 위해 다양한 홍보 활동과 개선이 이루어졌다. 특히, 민주시민부와 방송부가 협업하여 실시한 점심시간 방송 프로그램, '사연 읽기 코너'와 '학우들에게 들려주고 싶은 추천곡' 코너는 학생들로부터 큰 인기를 끌며 건의함의 활용도를 높였다.

　마지막으로, 학교운영위원회에서의 학생 대표단 참여는 학생들이 학교의 주요 사업 및 정책 결정 과정에 직접적으로 참여할 수 있는 중요한 기회이다. 지금까지 3차례의 학교운영위원회 중 2차례에 학생 대표단이 참여하였으며, 학생들이 충분히 의견을 제시할 수 있도록 사전 자료 제공 및 교육이 이루어졌다. 이 외에도 교복 선정위원회에서도 학생 대표가 배석하여 의사결정에 참여할 수 있었다. 이러한 학생회의 다양한 참여 활동들은 단순한 의견 수렴 이상의 의미를 가지며, 학생들에게 학교 공동체의 일원으로서의 자부심과 책임감을 키워준다. 이를 통해 학생들은 학교생활뿐만 아니라 사회생활에서도 민주적인 시민으로서의 역할을 충실히 수행할 수 있는 능력을 기르게 되었다.

학생자치활동

학생이 주체가 되는 행복한 학교

이은서
(75회 졸업생)

청양중학교 전교학생회 자치활동 활발

자치활동이란 학생이 집단으로 자주적인 학교생활을 조직하고 운영하는 과외활동을 말한다. 청양중학교에서 자치활동은 전교 학생회가 주관한다. 학생회는 민주시민부, 문화부, 캠페인부, 체육부, 전교 회장과 부회장으로 구성돼 있다.

민주시민부는 학생 다모임, 학생자치활성화, 의사 결정 참여 확대, 자율과 책임을 바탕으로 한 민주적인 학교 문화 분위기 조성 등에 관한 사항을 담당하고 있다. 구체적으로 학생 인권 및 복지 개선 활동, 학생자치 법정 운영, 학생 간 갈등 중재, 학생생활에 관한 활동을 한다.

민주시민부 부장은 "실행된 계획은 인권홍보 캠페인, 핼로윈 이벤트입니다. 불발된 계획은 ASK 익명 질문입니다. 익명성으로 인하여 욕설이나 남을 험담하는 글이 올라올 수 있어 불발되었습니다. 반응이 좋았던 계획은 인권홍보 캠페인입니다. 인권에 대하여 알려주고 인권에 관한 퀴즈를 진행하였습니다. 학생들이 캠페인을 통해서 인권에 대해 다시금 생각해 보는 시간이 되어 뿌듯했습니다."라고 말했다.

"아쉬웠던 점은 부서 활동을 많이 하지 못하고 활동을 할 때마다 부족한 부분이 있었습니다."라고 밝혔다.

문화부는 학·예술 활동 및 교양, 인문 소양, 학교 교육 환경 참여, 지역사회 행사 참여 등에 관한 사항을 담당하고 있다. 구체적으로 도서관 관리, 학교 신문 만들기, 리더십 캠프 레크레이션 준비, 학교 축제를 계획한다.

문화부 부장은 "실행된 계획은 리더십 캠프 레크레이션 준비, 세월호 참사 추모, 안전사고 교육 퀴즈, 독도교육주간 맞이 독도 캠페인, 독도 퀴즈, 독도 사랑 이모티콘 만들기 이고 불발된 계획은 안전사고 교육 퀴즈입니다. 문제를 많이 맞춘 상위권 학생들에게 세월호 노란 리본 배지를 증정했기 때문에 학생들이 많이 좋아했습니다."라고 말했다.

"아쉬웠던 점은 더 많은 행사를 준비하고 싶었는데 많이 준비하지 못해 후회가 된다. 2학기가 벌써 반 정도 지나갔지만 얼마 남지 않은 소중한 시간인 만큼 부원들과 더 열심히 해서 좋은 추억을 많이 만들고 싶습니다."라고 다짐했다.

캠페인부는 학교 폭력 예방, 흡연 음주 예방, 생명존중, 교통안전, 봉사활동, 에너지 절약, 자연보호, 불우이웃돕기, 환경 운동 등을 알리는 홍보에 관한 사항을 담당하고 있다. 각종 캠페인 활동 중 환경 활동을 강조하고 등교 맞이 활동, UCC 공모전, 학교 및 학생자치활동 홍보 활동을 한다.

캠페인부 부장은 "실행된 계획은 교통안전, 한글날, 흡연 예방, 바른 말 고운 말, 통일 캠페인이고 불발된 계획은 없습니다. 가장 반응이 좋았던 계획은 한글날 캠페인입니다. 다른 캠페인 활동에 비해 많은 학생이 평소 친구들에게 표현하고 싶었던 자신의 마음을 한글날을 맞아 학교에서 제공해 준 엽서에 바른 말 고운 말을 사용하여 자신의 진심을 전하는 활동을 가장 많이 참여해 주었기 때문입니다."라고 설명했다. "더 많은 종류의 캠페인 활동을 하여 청양중학교 학생들에게 의미 있는 내용을 전해주고 싶었지만, 피치못할 부원들의 일정으로 시간이 맞지 않아 많이 활동하지 못했던 것이 안타까웠습니다."라고 아쉬워했다.

체육부는 체육, 오락, 취미, 심신 단련 및 각종 운동을 통한 체육 문화 활성화에 관한 사항을 담당하고 있다. 구체적으로 S-스포츠 리그 및 체육대회 계획 및 운영, 우산대여 관리, 홈트레이닝 영상 제작, 스포츠 챌린지 영상 운영 등을 한다.

체육부 부장은 "실행된 계획은 걷쥬와 1학기 체육대회이고 불발된 활동은 운동부 홍보, 보물찾기, e스포츠입니다. 반응이 좋았던 계획은 S-스포츠 리그입니다. 리그를 통해 학우들이 기말고사에 대한 학업 스트레스를 조금이나마 풀 수 있었고 코로나-19로 마스크를 꼭 착용해야 하는 열악한 환경에서도 학생들이 거리두기를 잘하면서 적극적으로 스포츠에 참여해 주어 성공적으로 끝마칠 수 있었습니다."라고 소개했다.

"계획한 활동들이 기상악화로 연기되고, 코로나-19로 단체 활동을 축소해야 했던 상황은 아쉬웠습니다."라고 말했다.

학생자치활동은 학생들의 의견을 자유롭게 낼 수 있다는 장점이 있지만 학생회에 소속되어 있지 않은 학생들은 다모임에서만 의견을 낼 수 있다는 단점이 있다. 이러한 단점들을 보완해 나간다면 더욱더 성장하는 청양중학교가 될 수 있을 것이다.

〈2021년 청솔신문〉

학생자치활동

우리 손으로 만들어가는 청양중학교
— 1박 2일 일정으로 2학기 리더십 캠프 진행

김은채

(3학년)

　2학기 리더십 캠프가 9월 3일부터 4일까지 1박 2일의 일정으로 태안군 한서대학교 해양스포츠 교육원과 인근 수련원에서 진행되었다. 이번 2학기 리더십 캠프에는 2022학년도 학생회와 2학기 학급임원 학생들이 참여하여 학생자치를 위한 다양한 교육과 열띤 토의를 펼쳤다.

　9월 3일 첫째 날에는 공동체 의식과 리더십 함양을 위한 다양한 프로그램과 함께 생존수영, 수상안전장비 사용법 등의 안전교육이 함께 진행되었다. 학생들은 진지한 태도로 수상안전교육을 받으며 안전교육의 중요성을 느끼고 안전에 대해 다시 한번 되새기는 시간을 보냈다.

　9월 4일 둘째 날에는 민주주의와 인권교육이 진행되어 학생자치활동의 중요성을 배우는 시간을 가졌으며 학생회 부서별, 학급별 활동계획을 만드는 시간을 가졌다. 특히 부서별, 학급별 활동계획을 만드는 과정에서 학생들 간의 열띤 토의와 토론이 벌어졌다고 하는데 그만큼 멋진 계획이 많이 만들어졌다고 한다.

리더십 캠프에 참가한 학생부회장 조아랑 학생은 1학기 때도 리더십 캠프가 좋았지만 그때는 당일 리더십 캠프로 뭔가 아쉬운 느낌이 었는데 2학기 리더십 캠프는 1박 2일로 진행되어 친구, 후배들과 더 의미있고 잊을 수 없는 시간을 보낼 수 있었다."고 소감을 말했다.

〈2022년 청솔신문〉

학생자치활동

가뭄을 이겨내고 스스로 큰 고구마

고수연 · 이수연

(73회 졸업생)

  6월 초 늦게나마 학교 뒤편의 넓은 밭을 일구어서 고구마를 심었다. 텃밭 수준이 아닌 드넓은 밭에 무엇을 심어야 할지 의견을 모았다. 농촌 지역이지만 농사 일을 접해 본 학생이 드물었기 때문에 노작교육을 통해 수확의 기쁨과 성취감을 느낄 수 있도록 지원하기로 하

였다. 그래서 결정한 작물이 고구마였다. 트랙터를 빌려 밭을 일구고 마을의 관리기를 대여하여 두둑을 만들어 비닐을 씌웠다.

　고구마를 사 먹는게 더 싸게 들 정도로 비싼 대가를 지불하여 심은 고구마 줄기.

　한참 동안 가물어서 물을 끌어 올린 후에 심을 수 있었던 고구마였지만 1학년 전체가 풀을 뽑으로 갔다가 뱀을 만나 다시는 들어가지 못했다.

　두둑에 꽂아 둔 학급의 푯말이 보이지 않을 만큼 장마 속에서 풀밭이 만들어지고 10월 말이 되어서야 수확할 수 있었다.

　창의적 체험활동 시간에 2,3학년 전체가 밭에 들어가서 고구마와 싸움을 시작했다.

　마구잡이로 캐어대는 아이들의 손에 반 토막 난 고구마들이 안쓰러웠지만 체육대회 때 부모님들이 만들어 주신 고구마튀김을 먹으며 즐거운 한때를 보냈다.

(2017년 청솔신문)

학생자치활동

우리들의 놀이터 '야외 카페'

이주아

(71회 졸업생)

청양중학교에서 가장 아늑하고 편안하게 시간을 보낼 수 있는 곳은 어디일까? 늘 반갑게 맞이해주시는 선생님들이 계신 보건실과 상담실, 책 속에 파묻혀 햇볕 잘 드는 창가에 있으면 그냥 행복한 도서실. 요즘 이곳보다도 학생들이 들썩거리는 곳이 만들어졌다.

바로 과학실 앞의 공터에 야외 카페가 생겼다. 서로에 대한 믿음과 희망을 주는 동화 '어린 왕자'를 배경으로 선선한 가을바람 맞으며 즐겁게 놀 수 있는 곳이다.

점심시간 전후로 우리들은 갈 곳이 없어서 여기저기 서성대는 상황이 벌어졌는데, 급식실 근처에 야외 카페가 생긴 후로는 이곳이 우리의 놀이터가 되었다. 이곳에서 전통놀이와 브루마블 게임, 숫자 놀이 등을 하고 있으면 시간이 어떻게 가는지 모를 정도로 즐겁다.

기다랗게 만든 나무 의자에 걸터앉아 재잘거리는 여학생들, 창의적으로 놀이를 만들어 흥겹게 노는 1학년 남학생들, 목표 없이 떠돌

던 친구들까지 이곳에서는 소외되지 않고 서로에게 힘을 실어준다.

  노란 가을 국화 향기가 가득한 이곳에서 점심시간 팝콘 기계가 쉼없이 돌아간다. 인내심을 갖고 기다리던 학생들에게 펑펑 튀며 피어나는 옥수수꽃은 좀 더 기다리라고 말하지만 학생들의 마음은 자꾸만 더 급해진다. 그래도 줄을 서서 기다린 시간과 맞바꾼 500원어치 팝콘이 입 안에 행복감을 줄 때 웃음을 되찾는다.

  학생의 날을 맞이하여 청양중학교 학생회에서 주관하는 문화의 날 행사, 그 팝콘을 입에 물고 의미있는 영화도 시청하면서 영화관 하나 없는 청양 지역의 서러움을 잠깐이나마 날려 보냈다. 야외 카페의 팝콘 기계는 점심시간에 계속 옥수수꽃을 피웠다.

(2017년 청솔신문)

학생자치활동

학생운영위원회 참여

고건우

(3학년)

　오늘 청양중학교의 학생이자 대표로서 처음으로 학교운영위원회에 참여했는데 운영위원회에서 어떤 내용으로 어떻게 진행 되는지 아무것도 몰라 정말 생소한 자리였다.

　처음에는 조금 긴장되고 낯설기도 했지만 박00위원장님이 농담도 해주시고 긴장하지 말라고 말씀해주셔서 어른들의 말씀을 더욱 더 경청할 수 있었다. 그리고 운영위원회에서 나누시는 얘기를 듣고 보니 그 안건에 대한 많은 분들의 다양한 의견도 들을 수 있었고 나도 안건에 대해 여러 가지 생각해 보게 되었다. 정말 낯설었지만 안건들이 우리와 밀접하게 관련이 있는 내용이기도 했고, 학교 운영위원회에 직접 참여함으로써 교육 환경을 개선하는데 기여할 수 있다는 점에서 더욱 더 집중해서 들었던 것 같다. 특히 전교학생회장 공약이였던 3학년 졸업여행 추진 안건이나 교복 관련 안건에 대해서 가장 많이 의견을 내고 어떻게 하면 좋을지 생각을 학교 운영위원회에 참석하기 전에 생각을 아주 많이 했었다. 회의에서 학교의 다양한 문제와 필요를 논의하고, 의견을 제시하며 의사 결정 과정에 참여해보니 내 인생에서 좋은 경험이었다. 그리고 새로운 시각을 갖게 되고, 학교운영위원님들과 선생님들의 협력으로 더 나은 학교 환경을 만들어나가는 과정은 정말 가치 있는 경험이었다. 다음 운영위원회부터는 학생들의 의견을 모아 전달하면서 더 잘 해보겠다고 다짐했다.

〈2024년〉

학생자치활동

학생회 임원 선발 면접

안상빈
(2학년)

　중학생이 되어 초등학생과 다르게 3학년만 학생회 활동을 할 수 있는 것이 아니라 1학년 신입생도 학생회 활동을 할 수 있다고 하여 지원서를 제출하였다. 학생회에 지원을 하고 면접을 보아 학생회 회원을 모집하는 방식이었다.

　처음 학생회 면접을 보러 들어갔을 때 굉장히 긴장되었다. 왜냐하면 살면서 처음 본 면접이었기 때문이다. 면접관들이 쳐다보는데 눈빛이 조금 무서웠다. 그리고 며칠이 지나고 학생회 면접 결과가 나왔는데 조금 아쉬웠다. 왜냐하면 문화부원이 되고 싶어 문화부에 1순위로 신청했는데 캠페인부가 되었기 때문이다. 캠페인부는 학생회 활동을 많이 해서 바쁠 것 같다는 생각에 걱정이 많았다.

　본격적으로 학생회 임원이 되어서 세월호 추모활동, 5·18 민주화 운동 기념, 스승의 날 기념, 교통 안전, 학교 폭력 예방, 이웃돕기 등 여러 가지 활동을 하였다. 세월호 추모 활동할 때에는 추모 리본도 만들고 청양중학교 학생들에게 나누어 주었는데 정말 뜻깊은 활동이

었다. 또 리더십 캠프에 참가하여 공유된 목표와 규칙을 바탕으로 학생회 캠페인부 활동으로 여러 가지 실천 과제를 정하는 시간을 가졌다. 이런 여러 가지 활동이 너무 즐거웠다. 나중에 기회가 된다면 다시 학생회 임원이 되고 싶다.

〈2023년〉

〈학생회 임원 선발 면접 질문〉

[1번 질문]
① 학생회 임원으로 지원한 동기에 대해 말씀해주세요.

[2번 질문]
① 친구가 학급에서 집단 따돌림을 받고 있다면,
   이 문제를 어떻게 극복하겠는가?

[3번 질문]
① 본인의 장점은 무엇인지 말하고, 본인의 장점을 살려서
   어떤 학생회 활동을 하고 싶은가?
② 학생회가 된다면 어떤 마음가짐으로 임할 것인가?

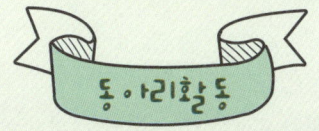

흙을 통해 마음도 한 뼘 성장하는 '꽃물' 동아리

이선민

(74회 졸업생)

"올해 제 학교생활은 '꽃물'을 빼고 말할 수 없습니다. 태양 아래서 학교의 화단과 텃밭을 가꾸면서 최진이 선생님과 나눈 이야기들과 친구들과 보았던 풀·허브·꽃들은 제게 늘 새로웠습니다. 꽃을 눈으로 보고, 손으로 만져보는 것에서 끝나지 않고 수확하는 기쁨도 알게 되어서 즐거웠습니다. 그래서 매일 아침 등굣길에 마주하는 허브와 꽃을 보면서 콧노래가 나왔습니다."

꽃물 동아리 회장인 배수희 학생의 소감이다.

2020학년도 학생들 사이에서 가장 화제가 되었던 '꽃물' 동아리이다. 동아리 '꽃물'은 최진이 선생님과 1~3학년 학생으로 구성하여 학교를 아름답게 가꾸고 건강한 허브차를 만드는 등 다양한 활동을 하였다. '꽃물'은 꽃으로 물들다, 라는 뜻을 담고 있는 것처럼 자연 속에서 인성이 성장하는 것을 목표로 하고 있다.

'꽃물'의 동아리 활동은 1학기 초부터 시작되었다. 돌을 고르고 흙을 바르게 펴는 작업부터 풀을 뽑는 일은 어려웠다. 그러나 최진이 선생님께 꽃에 대해 이야기를 듣고 효능을 알게 되면서 호기심이 너욱 커졌다고 한다. 동아리 시간외에도 학생들은 자발적으로 방과후시간·아침활동 시간 이전에 텃밭에 들렀다. 형형색색의 아름다운 꽃을 보면서 최진이 선생님과 이야기를 나누는 것이 즐거웠다고 한다. 그리고 '꽃물' 동아리에서는 텃밭가꾸기와 꽃차만들기 외에도 지역 인사를 초청하여 천연염색이나 꽃다발 만들기 등 다양한 활동을 하였다. 이를 통해 학생들은 자연에 대해 더욱 관심을 갖게 되었다고 한다.

햇빛을 받고, 바람을 느끼며 2020학년도 '꽃물' 동아리 학생들의 마음은 한뼘 더 성장했으리라 생각된다. 우리가 무심하게 지나쳤던 풀이나 꽃이 누군가의 마음에 위로가 될 수 있다는 것을 알게 되는 계기가 된 것 같다. 그렇기 때문에 올해 직접 식물을 심고 꽃차를 만들거나 염색 등 다양한 활동을 통해 학생들이 성장하는데 밑거름이 되었다고 한다.

(2020년 청솔신문)

동아리 활동

오색영롱 동아리 박람회
— 우리 동아리로 오세요! 모집 열기로 시끌벅적

이준희

(3학년)

 3월 17일 5, 6교시에 '오색영롱 동아리 박람회'가 청솔체육관에서 열렸다. 창의적 체험활동의 중요성을 인지하고 학생들이 스스로 자신의 관심 분야와 진로 관련 분야의 활동을 계획하고 꾸준히 활동할 수 있도록 지원한다는 취지에서 기획된 이 행사는 동아리 개설에서 운영까지 모두가 동아리 부원을 중심으로 운영되었다.
 홍보 포스터와 지원서 등 사전에 준비물을 만들고, 점심시간에 동아리별로 부스를 운영할 준비를 하였다. 5교시, 체육관 안은 동아리 부원을 모집하려는 열기로 가득하였다. 재학생들은 지난 학년도에 참여한 동아리와 다른 동아리에 가입하려는 학생이 많았고, 신입생들은 중학생으로서 맞는 첫 행사에 자율적으로 참여하다 보니 처음에는 이곳저곳 많이들 기웃거리기만 하다가 뒤늦게 찾아가 지원서를 작성하는 모습이 보였다.
 공연예술 외 25개 동아리가 개설을 희망했는데 몇몇 부서는 일찌

감치 인원이 마감되기도 하는 등 학생들의 관심이 많았다. 이어서 6교시에는 자기가 지원한 부서가 활동하는 장소로 가서 담당 선생님과 같이 한 학기 동안 활동할 계획을 세웠다.

  이렇게 학생이 주체가 되는 다양한 활동을 통해 직업, 취미, 인성, 창의성 계발에 긍정적인 영향을 줄 수 있는 동아리 활동을 기대할 수 있었다.

〈2023년 청솔신문〉

동아리 활동

오색영롱 학생자치 동아리 운영

김준현

(2019. 3. 1. ~ 현재. 교사)

　우리 학교의 자랑 중 하나인 오색영롱 청솔 동아리 박람회는 학생들이 주도적으로 동아리를 운영할 수 있도록 지원하는 특별한 행사이다. 이 박람회는 2022년부터 시작되어, 학교 생활의 중요한 부분으로 자리 잡았다. 기존의 동아리 개설 방식과 달리, 학기 초 학생들이 희망하는 동아리를 조사하고, 각 교실에서 담임교사의 지도하에 동아리를 개설하며, 이후 오색영롱 청솔 동아리 박람회를 통해 새롭게 시작될 동아리들을 소개하고 홍보하는 방식으로 진행된다.

　이 박람회의 주요 목적은 학생들이 스스로 동아리를 기획하고 운영하는 과정을 통해 자신의 꿈과 끼를 발휘할 수 있도록 돕는 것이다. 또한, 단순히 주도적인 활동을 넘어, 중학교라는 중요한 성장 단계에 있는 학생들이 교사 및 선배들의 도움을 받아 자신의 관심사를 더욱 깊이 탐구하고, 협력하는 방법을 배우는 기회로 삼고 있다. 교사와 학생 모두에게 박람회는 소중한 학습의 장이자, 성장의 발판이 되고 있다.

박람회는 총 세 단계로 이루어진다. 첫 번째 단계에서는 오색영롱 청솔 동아리 교육을 통해 학생들이 동아리의 취지와 목표를 이해할 수 있도록 하고, 자신이 원하는 동아리를 직접 개설할 수 있도록 지도한다. 두 번째 단계에서는 학생들이 선택한 동아리를 홍보하고 모집하는 과정이 진행되며, 이때 활동 내용, 활동 계획서, 예산 사용 계획 등을 포함한 홍보 포스터를 제작하게 된다. 마지막으로, 세 번째 단계에서는 실제 박람회가 열려 학생들이 희망하는 동아리 부스를 방문하여 가입을 결정할 수 있도록 도와준다. 이 과정에서 학생들은 면접이나 테스트 등 다양한 절차를 통해 자신에게 적합한 동아리를 찾게 된다.

오색영롱 청솔 동아리 박람회는 학생들이 단순히 동아리에 참여하는 것을 넘어, 동아리의 운영과 성장을 직접 경험하고 주도할 수 있도록 돕는 매우 중요한 교육적 행사이다. 이를 통해 학생들은 자신의 관심사를 탐구하는 동시에, 책임감과 리더십을 함양할 수 있다. 학교생활 속에서 학생들이 자발적으로 참여하고 성장할 수 있는 기회를 제공하는 이 박람회는 우리 학교의 자랑이자, 학생들이 미래의 도전과 성장을 준비하는 데 중요한 역할을 하고 있다.

〈2022년〉

동아리 활동

동아리 박람회라니?

문정현
(2023. 3. 1. ~ 현재, 교사)

  2023학년도 신규교사로서 청양중학교에 발령을 받고 민주시민이라는 책임감이 막중한 업무를 담당하게 되었다. 학생들이 민주시민으로 성장할 수 있도록 도와야 한다니 도대체 어떤 일을 어떻게 헤쳐나가야 할지 많은 고민이 되었다. 다행히 좋으신 학생부장님과 전임자 부장님께서 함께 계셨기 때문에 큰 어려움 없이 부족했지만 보람이 가득한 1년을 보냈던 것 같다. 2번의 리더십 캠프, 축제, 예술동아리 시장버스킹, 등교맞이 캠페인 등 여러 행사를 주관하게 되었지만 가장 기억에 남는 행사는 학기 초에 있었던 '동아리 박람회'였다.

  동아리 박람회라니! 아직 나이가 어리고 학교 현장에서는 막내이지만 나 역시 '나 때는' 하고 생각하게 되었다. 동아리 박람회 같은 행사는 대학에 가서야 처음 경험할 수 있었는데, 중학교에서 이러한 행사를 진행한다니 신선한 충격을 받았던 기억이 떠오른다. 학기 초 동아리 개설을 원하는 학생은 동아리를 담당해 주실 선생님을 찾고 부원을 모집하게 된다. 여기까지는 여느 학교와 다를 것이 없지만 동아리가 개설되고 나면 동아리 박람회에서 각 동아리의 부장과 이미 구성된 부원이 신입생과 재학생을 대상으로 본인의 동아리를 홍보하게 된다. 체육관에서 동아리 박람회 시간에 일사분란하게 모든 동아리가 홍보를 하고 부원을 모집하며 하나의 동아리를 구성하게 된다.

학생들이 원하는 주제를 가지고 동아리를 개설하고, 담당해 주실 선생님을 찾고 부탁드리며 동아리 구성의 목적과 내용을 설명하는 일, 동아리 부원을 모집하기 위해 포스터를 만들고 구호를 외치며 홍보하기까지 일련의 과정 속에서 자기주도성과 책임감을 갖게 되었다고 생각한다. 이뿐만 아니라 선생님들과 사회적 관계를 맺는 방법을 터득하거나, 친구끼리의 우정 및 선후배 간의 긍정적인 관계를 형성하는 사례를 많이 보게 되었다.

동아리 박람회라는 행사는 신규교사로서 발령받은 나에게 '혁신' 그 자체의 신선하고 즐거운 기억이 되었던 것 같다.

〈2023년〉

동아리 활동

영원히 남을 추억이 되기를

유병서

(2022. 3. 1. ~ 현재, 교사)

동아리 활동

조밀쪼밀

명지희

(3학년)

오색영롱 동아리 박람회가 열렸다. 동아리 박람회에서 난 조밀조밀 부서를 구성하여 학생 모집을 친구들과 하였다. 동아리 박람회가 진행되기 위해서는 먼저 동아리 담당 선생님께 동아리 가입 신청서를 받아서 작성하여야 한다. 동아리명을 정하고 운영장소도 찾고 모집 인원을 정하고 그리고 우리 동아리를 지도해 주실 선생님을 찾아야 한다.

조밀조밀은 작년에 개설되었다. 손으로 만드는 모든 것을 좋아하는 친구들과 함께 만든 동아리이다. 그래서 동아리명이 조밀조밀(조밀쪼밀)….

담당 선생님으로는 작년에 김은정 선생님과 함께 했었는데 작년 동안 동아리 시간에 작품을 만들면서 시간을 보냈던 즐거운 기억이 너무 많아서 선생님께 다시 부탁을 드렸더니 이번 년도에도 흔쾌히 담당해 주시마 하셨다. 조밀조밀은 동아리 박람회를 통해 동아리를 홍보하였는데 우선 먼저 전교생이 함께 모인 체육관에서 부스를 만들어 동아리원을 모집하는 홍보활동으로 시작되었다. 작년에 함께 했던 친구들과 1년 동안 어디서, 무엇을 어떻게 왜 할 것인지를 알리는 포스터를 미리 큰 종이에 직접 그림으로 그리고 예쁜 큰 글씨로 써서 체육관 농구골 대 아래에 있는 우리 동아리 홍보 부스 앞에 내걸고 목청껏 외치기 시작했다. 삼삼오오 아이들이 몰려오고 흥미 있게 우리들의 말에 귀 기울여 줬으며 호기심을 보였다. 특히 1학년 후배들은 정말 자기들에게 잘 맞고 꼭 필요한 게 무엇인지 관심을 가지며 여러 가지 질문을 했다. 우린 열심히 설명하고 손으로 만드는 작품엔 무엇이 있었는지를 중심으로 작년 활동을 소개하며 함께할 동아리 부원 모집에 최선을 다했다.

정말 많은 학생들이 지원해 주었는데 아쉽게도 최대 모집 인원을 10명으로 정하였기에 10명의 부원만 뽑고 정리를 했다. 동아리 부원끼리 모여 시간별로 동아리 활동 내용을 정하고 주어진 예산을 어떻게 사용할 것인지도 정하고 담당 선생님과 함께 첫 동아리 시간을 마감했다.

우리는 동아리 부원들과 평소 수업 시간에는 하기 어려운 활동을 함으로써 재미있게 많은 것을 배웠고 우리가 선택하고 우리가 구성한 동아리였기에 즐거움을 느끼며 동아리 활동을 했다. 앞으로 2학기에도 더 많은 활동을 통해 동아리 부원들과 재미있고 활기 넘치는 동아리 활동을 하고 싶다.

(2024년)

글램핑으로 1학기를 마무리
— 학교 자율 특색 과정으로 전 학년이 1박 2일

김하음, 이호재
(2학년), (3학년)

    1학기 학교 자율 특색 과정 학년 캠프가 7월 6일, 1박 2일의 일정으로 진행되었다. 체험 중심의 다양한 교육활동을 통해 개개인의 꿈과 끼를 키우고 자율성과 창의성을 기르는 목적으로 실시한 이번 캠프는 전교생 283명 중 참가 희망 학생 276명이 참여했다. 체험학습 경비는 학교가 전액 지원하여 학생들이 부담하는 것은 없었다.

    1학년은 한서대학교 태안 캠퍼스에서 해양 안전 교육 및 레저활동을 하고 신두리 사구와 태안 학암포 나로 글램핑장에서, 2학년은 국립세종수목원을 견학하고 세종 다온숲 글램핑장에서, 3학년은 국립세종수목원을 견학하고 청양 알프스 글램핑에서 각각 배려와 협동이라는 체험학습 핵심 주제를 실현하려는 프로그램으로 진행하였다.

    1학년 학생들은 첫날 저녁에 선생님들의 도움으로 캠프파이어 앞에서 '고민 상담소'가 열려 서로의 고민 등을 나누기도 하였고, 프로그램에 참여한 학생들은 "처음 가는 것이라 조금 떨렸다", "친구들과 함께여서 더 좋았고 재미있었다. 또 해보고 싶다", "모둠원끼리 밥상을 차리고 고기를 굽고 설거지를 하는 등 기억에 남을 재미있는 캠프였다."고 말했으며, 2학년 한 학생은 "잠시나마 학업 스트레스에서 벗어나 숲의 풍요로운 환경에서 휴식을 취할 수 있었고 추억거리를 만들 수 있었다."며 좋아했다. 다른 학생은 "친구들과 함께 추억을 만들어서 재미있었다."고 말했다. 하룻밤을 묵고 이튿날에 귀가하기 전에는 생태·환경 교육과 환경보호 활동으로 마무리를 했다.

캠프를 기획하신 선생님은 현장 체험학습을 통하여 자율성, 책임감, 자기 주도적 학습 능력을 키우고, 공동체 의식, 건강, 체력, 극기심을 기르기 위해서 이런 행사를 기획했다고 말했다.

학생들은 이러한 어울림 프로그램을 통해 견문을 넓히고 꿈과 이상을 가지고 긍정적인 자아를 실현할 수 있는 기회를 얻었다. 앞으로 이러한 체험행사들을 통해 더 밝은 미래를 향한 청양중학교가 될 것을 기대할 만하다.

〈2023년 청솔신문〉

글램핑이 좋은 이유 _ 한윤서(2학년)

탕후르 만들기 대작전_ 이은제(2학년)

캠프 활동

글램핑의 꽃

명진영

(3학년)

글램핑의 꽃은 숯에 구워 먹는 삼겹살과 불멍이라는데….

삼겹살을 구워 먹는데 불이 너~~무 쎄 고기가 많이 타고 호일을 여러 번 갈고 갈고 하느라 고기를 굽기 힘들었으나 많이 탄 고기도, 다 식어버린 고기도 너무 맛있었다. 친구들과 함께 구운 고기라 너무 맛있게 먹었다.

불에다가 마시멜로도 구워 먹었다. 태워도 맛있었다. 불 색을 변하게 하는 오로라 가루를 넣었더니 불 색이 진짜 오묘했다.

학생 대표 선거 때 '캠핑을 하고 싶다'가 공약이었던 것 같은데…. 캠핑 대신 글램핑을 가서 1박 2일 색다른 경험을 할 수 있어서 너무 좋았다.

친구들과의 관계가 더욱 돈독해진 것 같아서 좋았다. 공약을 실천하는 모습이 멋있었고 다음번에도 이런 행사가 많이 진행되면 또 적극적으로 참여하고 싶다.

(2023년)

캠프 활동

즐거운 학교생활

이은제
(2학년)

　우리 학교는 다양한 활동을 많이 했고, 많이 하고 있는데, 그 중에서 가장 기억에 남는 활동은 태안 글램핑이다. 글램핑장을 가기 전 태안 한서대에서 생존 수영을 배웠다. 하기 전엔 바다에서 구명조끼를 입고 떠 있는 것이 무서웠는데 선생님들께서 잘 가르쳐주셔서 재밌게 했다.
　밥을 다 먹고 바나나보트를 탄다는 얘기에 정말 기대하며 친구들과 같이 설렜다. 우리 차례가 다가오자 순서를 정했는데 내가 가장 물을 많이 맞는 첫 번째 순서가 됐다. 내가 방향잡이라서 조금 걱정했었다. 그러다 앞 친구들이 바나나보트를 타는 것을 봤는데 마지막에 넘어지는 것을 보고 우리는 '상여자'니까 만세를 하며 넘어지자 약속했다. 나는 '상여자'라서 자신이 있었다. 우리 차례가 되자 미리 정한 순서대로 앉았고 바나나보트가 출발했다. 왼쪽, 오른쪽이라고 크게 말하는 것이 내 역할이라서 얼굴에 따가운 물이 맞아도 눈을 떠야 했다. 이 상황이 웃겨서 제대로 알려줬으나 기억이 안 난다. 그리고 마지막 코스로 휙 꺾이며 넘어지는 구간에 왔다. 나는 만세를 하고 제일 처음으로 넘어졌는데 너무 코가 아팠다. 보트 체험을 하고 나와서 애들한테 만세를 했냐고 물어봤어야 했다. 나중에 선생님께서 찍으신 영상을 보니 5~6명 중에 나 포함 2명만 만세를 했다. 필사적으로 코를 막는 친구들이 약 올랐다.

이제 글램핑장을 가는데 너무 설렜다. 도착해서 고기를 먹는데 나는 고기를 구울 줄 몰라서 미안했다. 그리고 새우가 익은 것 같아 먹었는데 덜 익어있었다. 근데 나름 괜찮아서 다 먹었다. 밥 먹고 캠프파이어를 했다. 마시멜로도 구워 먹었다. 배불렀지만 맛있어서 계속 먹다가 친구들과 다 같이 진실게임도 했다. 나름 재미있었다. 그리고 이제 밤이 되어서 숙소에 있었다. 우리는 며칠 전부터 계획한 탕후루

만들기를 시도했다. 새벽에 걸릴까 봐 무서워 제일 구석에서 설탕을 녹이는데 똥손인 나에게 너무 어려워서 설탕 2컵 정도를 날려먹었다. 실패하고 방으로 다시 들어왔더니 주하가 자고 있었다. 수빈이가 냅다 자는 주하에게 연와사비를 코 밑에 짜서 웃겼다. 주하가 깨고 탕후루 실패 사실을 말해줬더니 주하가 해준다고 하고 뚝딱 만들어줬다. 파는 것처럼 엄청 맛있었다. 탕후루 만들다가 밤을 새우고 아침이 되었다. 아침이라 밖을 나갔더니 고기를 뺏어 먹었던 갈매기들이 있길래 교감을 시도했었는데 소리가 크다는 것을 생각하지 못한 탓에 선생님께서 깨서서 죄송했다. 그러다가 새벽에 만든 탕후루를 선생님들께 드렸는데 맛있다고 하셔서 기분이 좋았다. 이렇게 나의 첫 글램핑은 끝이 났다. 친구들과 친해진 뒤에 가서 그런지 제일 기억에 남고 제일 재미있었다. 1박 2일이어서 더 더 많은 것을 하지 못해 살짝 아쉬웠지만 다음에도 또 가고 싶다.

〈2023년〉

급식대란??

강지민

(3학년)

2023년, 우리학교에서 급식대란이 일어났다. 오랫동안 전해져오던 이야기처럼 우리학교도 암묵적인 규칙 순서인 3-2-1의 순서가 있었다. 우리가 1학년일 때도 당연하단 듯이 선배들이 밥을 먼저 먹고 우리가 밥을 먹었다. 이제 2학년이 되서 조금 빨리 먹나 싶을 찰나에 순서를 바꾼다 하니 그야말로 2학년에 큰 혼란을 주었다. 또한 그 당시, 3학년 선배들은 급식순서를 바꾼다고 하니 급식을 먹지 않는 상황도 발생하였다. 3학년 선배들은 우리에게 순서를 유지하자고 서명운동을 제안했고 불만 있던 우리도 동의하였다. 그 후로부터 며칠 뒤 회의가 열렸다. 그 회의는 우리 없이 먼저 열리고 좀 뒤에 우리를 부른 듯 했다. 상황이 거의 마무리 되어가고 우리에겐 너네만 동의하면 끝난다는 듯 말하였다. 그 말을 들은 우리는 사실 좀 어이가 없었다. 왜 우리를 처음부터 부르지 않았을까, 왜 1,3학년과 끝난 상태로

우리에게 동의만 하면 된다는 식으로 말할까 하며 많은 생각이 머리 속을 스쳐지나갔다. 이어 우리에게 시간을 주셨고 우린 회의에서 나와 어떻게 할지 상의하였다. 통보 아닌 통보식으로 정하라 하니 우린 모두 한마음 한뜻으로 '반대' 하기로 마음먹었다. 사실 급식의 순서에 완강한 반대를 하려고 하진 않았지만 거의 끝난 상태에서 우릴 불렀다는 사실에 조금의 반항심도 더해져 있었다. 결과는 우리의 주장대로 이루어졌지만 선생님과의 관계는 어딘가 불편하게 느껴졌다. 그래도 우리의 선택을 후회하지 않는다.

〈2023년〉

급식실

급식순서 31번

2023 급식 순서_ 심현수 (3학년)

급식실

급식실 대란 사건

박민선

(2022. 3. 1. ~ 현재. 교사)

2022년 나는 새로 옮긴 청양중학교에서 민주시민계를 담당하였다. 주된 업무는 학생자치회 운영과 축제, 창체동아리 운영 등이다. 혁신학교의 경험치가 상당히 쌓인 학교라서 많은 부분에서 다른 학교보다 훨씬 학생의 활동이 활발했다.

학생회와 창체동아리가 교사의 개입 없이 학생 스스로 구성하고 운영도 학생 주도로 진행되고 있어서 내가 맡은 민주시민계는 당연히 여러 가지 일들로 담임이 아닌 데도 한 해 내내 바빴다.

아이들은 적극적이어서 다양한 활동에도 지치지 않고 꾸준히 해내었고 그래서 나는 무난히 한 해를 넘기면서 욕심이 생겼다. 그해, 유난히 적극적이고 민주적 절차에 잘 준비된 2학년 학생들이 최고 학년이 되는 2023학년도에는 학생주도 활동이 얼마나 잘 될까? 이런 기회에 아이들의 시민의식과 토론문화를 한 단계 업그레이드 해 보면 어떨까? 기성세대에 팽배한 서열 의식도 한번 깨볼 수 있지 않을까? 아이들을 믿었다. 그래! 우리 아이들과 협상할 수 있을 거야!

　겨울방학을 맞이한 날, 교직원 연찬회에서 다음 해 학생부장을 하겠다는 김준현 선생님과 학생부에 새로이 진입하려는 고편안 선생님에게 넌지시 의사를 비추었고 두 분 선생님도 해 볼 만하다고 생각을 같이 해주며 새 학기가 되면 시도해 보겠노라고 했다. 그래서 시작된 일이 '급식실 대란 사건'이다. 현행 3학년, 2학년, 1학년 순서로 배식하는 점심 순서를 완전히 선착순으로 먹어보자는 것이다. 학생부는 일단 부장 회의에서 기획안을 제안했고 교장 선생님은 적극적으로 지지하였다. 아마 교장 선생님도 아이들을 믿었던 듯하다. 철썩같이….

　교사들의 이런 야심찬 계획은 학생들에게 곧 전달되었다. 아이들의 민주적 사고와 합리적 선택을 기대하면서… 그러나 뜻밖에도 아이들의 반응은 차가웠다. 기대와는 완전히 다른 방향으로 강력한 반대가 쏟아져 나왔다. 맙소사!!! 아이들에게 벌써! 이렇게나 강렬하게! 서열 의식이 심어져 있다니… 그래도 설득이라도 해봐야지! 먼저 3학년부터 설득작업에 들어갔다.

　당시 3학년들과 사이가 좋은 교장 선생님이 나서서 여러 가지 말로 아이들을 설득했다. 토론과 설득, 당근책을 총동원하여 각고의 노력을 했지만 아이들의 대답은 NO!!! 학생회를 비롯한 많은 아이들의 거센 항의에도 교장 선생님과 여러 선생님의 끈질긴 줄다리기 끝에 일부 학생이 물러서며 2학년도 찬성하면 받아들이겠다는 기미를 보이자 얼른 2학년 학생들을 설득하기 시작했다. '2학년 아이들은 어차피 두 번째 순서니까 조금 더 수월하겠지'하며 얘기를 시작했는데, 웬

걸, 철통방어다. 알고 보니 3학년 아이들이 이미 한번 후배들에게 자신들의 입장을 강조한 것이다. 그러니 동의를 얻는 게 가당키나 한 일인가? 결국 선배를 어기는 후배를 바랄 수는 없다는 판단이 섰고 한동안 청양중을 뜨겁게 달구던 '급식실 대란 사건'은 선생님들의 참패로 끝이 났다.

그 며칠 동안 가장 상처받은 사람은 교장 선생님이다. 부임 초부터 교장 선생님의 부단한 노력으로 아이들과의 거리를 좁히고, 아이들의 거의 모든 요구에 최선을 다했는데 모처럼 제안한 프로젝트에 이렇게 처참하게 밀려났다는 상실감에 한동안 우울했으리라. '급식실 대란 사건' 이후 교장 선생님의 첫 일성은 "나 삐졌어, 이제 너희들 아무것도 해주지 않을 거야!" 얼마나 속상했으면 그랬을까 싶다. 그래 봐야 교장 선생님의 짝사랑 탓에 곧 아이들에게 넘어가고 말았지만. 그리고 사실은 나도 삐졌다. '이 녀석들, 2학년 때 수업할 때는 그렇게 시민의식이 높은 척하더니 말짱 뻥이었어, 흥!'

그런데 한편 생각해보면 아이들 입장에서는 가장 기다리던 점심시간을, 밥그릇을 건드린, 절대로 참을 수 없는 일이었을 수도 있겠다. 이 사건을 겪으면서 혁신한다는 것이 참 어렵구나! 여러 가지 생각이 든다. 낡은 틀과 관념, 관습들을 깨고 새것으로 나아간다는 것이 호락호락하지만은 않다. 선생님들의 입장에서 학년 순서를 정해 먹는 게 서열 의식에서 비롯된 것이라 여겨 변화를 시도해보았으나 결국 실패함으로써 우리 사회 곳곳에 우리 민족의 DNA에 뿌리 박혀 있는 나이순 정렬을 절감하게 된다.

그럼 '급식실 대란 사건'은 혁신에 실패한 걸까? 내가 내린 결론은

'실패는 아니다'. 적어도 이 시도는 당연시 여기던 순서를 달리 정해 볼 수도 있다는 새로운 방식에 대해 생각해보게 되었고 설득의 과정에서 선생님들은 다양한 표현으로 서열의 부당함과 나아갈 방향에 대해 교육하는 계기가 된 것이다. 더불어 난상토론이라는 논의의 장을 만들어 아이들이 적극적으로 참여하게 됨으로써 토론의 과정을 경험케 하였다. 서로 입장에 따라 결론도 다를 수 있음을 알게 되고 많은 사람이 생각과 힘을 합하면 권위적 구조도 극복해낼 수 있음을 알게 하였다.

아이들은 이제 민주주의 절차에 어느 정도 숙련된 것이다. 남은 숙제는 상대의 입장을 생각할 수 있고 내게 불리하더라도 전체를 위해 좋은 결론을 선택할 수 있는 성숙함을 어떻게 체득하게 할까? 라는 대단히 어려운 작업이 남아있다. 혁신의 과정은 아직 끝나지 않았기에 나는 앞으로도 우리 아이들의 멋진 성장을 기대한다.

〈2023년〉

새로운 시작은 늘 설렌다

명수현
(75회 졸업생)

청양중 밴드부 10월 첫 공연

　청양중학교 밴드부는 드럼 2명(양선규, 조수현), 보컬 3명(김나윤, 이병찬, 정인서), 베이스 1명(안율), 일렉 2명(김진우, 박효준), 피아노 1명(오현우), 홍보 1명(최재빈)으로 구성되어 있다. 밴드부의 지도교사는 소은숙 선생님이다. 소은숙 선생님은 3년 동안 밴드 동아리를 운영하면서 직접 드럼도 배우며 학생들을 가르치고 있다.

　밴드부는 코로나19로 인한 공연연기와 취소가 잦아지는 가운데에서도 희망을 잃지 않고 매일 연습에 매진했다. 그 결과 밴드부는 오랜 기다림 끝에 5개월 만에 드럼 방과후 학생들과 함께 10월 21일에 첫 공연을 선보였다.

　밴드부와 드럼 방과후 학생들은 선곡으로 '가호'의 '시작'이라는 노

래를 준비했다. 이 곡을 선곡으로 뽑은 이유에 대해 밴드부는 "밴드부원들과 처음으로 다 같이 합주에 성공한 곡이고, 코로나19로 인한 우울한 상황에 닥쳤을 때 이 곡의 활기찬 멜로디와 가사로 우리의 잃어버린 에너지와 자신감을 되찾아준 보물과 같은 소중한 곡이기 때문입니다."라고 남다른 애정을 보였다.

밴드부 부장 김진우 학생은 "밴드부원들과 연습 도중 의견 차이로 갈등이 생기고 잦은 다툼이 있었지만, 이 모든 과정이 우리에게 있어 음악의 완성도를 높여가는 지름길이 되었습니다. 지금 코로나19로 인해 우리의 공연을 전교생 앞에서 하지 못한다는 아쉬움이 있었지만, 이번 공연을 통해 밴드부가 얼마나 성장하였는지 보여줄 수 있어 좋았습니다. 마지막으로 밴드부의 버팀목인 소은숙 선생님께 감사하고 사랑한다는 말을 전하고 싶습니다."라며 고마운 마음을 전했다.

밴드부 홍보 담당 최재빈 학생은 "청양중학교 밴드부는 음악에 대한 열정과 관심으로 똘똘 뭉친 학생 중심 동아리입니다. 많은 학생이 밴드부는 악기를 잘 다루고, 노래를 잘 부르는 사람들만 할 수 있다는 선입견을 가지고 있습니다. 하지만 청양중학교 밴드부는 악기를 잘 다루는 실력, 노래 솜씨보다 무엇을 하고자 하는 명확한 의지와 관심, 열정이 더 중요하다고 생각합니다. 그러니 밴드부에 관심이 있다면 부담 없이 오셔서 부원으로 가입해주셨으면 합니다."라고 학생들의 가입을 당부했다.

밴드부 지도교사 소은숙 선생님은 "저는 음악에 대해 남다른 애정과 사랑을 품고 있습니다. 학교뿐만 아니라 가정에서도 텔레비전에서 진행하는 음악 프로그램을 자주 시청하며 음악을 항상 가까이하고 있습니다. 저는 4년 전에 우연히 드럼을 배울 수 있는 기회가 생겨 배우게 되었고, 이를 계기로 밴드부를 운영하게 되었습니다. 학생들에게도 제가 느꼈던 음악의 즐거움을 느끼게 해주고 싶었습니다. 학생들은 단시간에 음악을 배울 수 있고 한 번 배우면 평생 잊지 않고 음악의 즐거움을 느낄 수 있습니다. 시간이 지날수록 학생들이 즐거워하고 성장하는 모습이 보여 교사 입장에서 정말 뿌듯합니다."라고 소감을 전했다.

10월 21일 열린 공연은 성공적으로 끝마쳤다. 이날 공연에서 학생들의 열정이 무엇보다도 돋보였다. 앞으로의 청양중학교 밴드부의 미래가 더욱 기대된다.

〈2021년 청솔신문〉

밴드부 버스킹

우당탕탕 성장하는 밴드부의 시장 버스킹

허기명

(2022. 3. 1. ~ 현재, 교사)

"선생님, 제가 밴드반을 하고 있는데 올해는 선생님이 밴드반을 맡아주면 좋겠어요."

2022년도 청양중학교에 발령을 받아 오자 수석선생님께서 말씀하셨다.

"네, 그럴게요."

청양중학교에 오기 전 용남고등학교에서도 밴드반 지도교사를 했기 때문에 맡아보기로 했다. 음악 교사이긴 하지만 성악을 전공했고, 밴드 음악을 해보지 않았기 때문에 아이들을 직접 지도하기가 어려웠다. 고등학교 아이들은 스스로 연습을 잘했다. 청양중학교 아이들도 열정이 넘치고 활동을 좋아하는 것 같았다. 수석선생님께서도 아이들 악보만 뽑아주고 특별히 지도를 하지 않았다고 하셔서 아이들이 스스로 연습할 수 있겠지 라는 생각으로 큰 고민 없이 맡았다.

우리 학교는 예술동아리 시장 버스킹을 학기마다 한 번씩 해오고 있었다. 청양 시장 무대에서 마을 주민들을 위해 사랑과 감사의 마음을 담아 연주하는 것이다. 댄스 동아리, 드럼 동아리, 밴드 동아리 아이들은 무대에 서보는 기회가 되기 때문에 이 활동을 위해 열심히 연습하고 기대하며 준비했다.

2022년 5월 27일 공연이 잡혔다. 예술동아리 공연을 담당하시던 수석선생님께서 본 공연을 하기 일주일 전 동아리 시간을 이용해서 리허설을 해보자고 하셨다. 학교 앞 건물과 뒷 건물 사이 나무 데크가 있는 공간에서 공개적으로 리허설을 하기로 했다.

2학년 현석이가

"선생님, 저 사회 잘 봅니다. 제가 사회자 해보고 싶어요."

"그래? 현석이 도덕 선생님이 발표 잘한다고 하시더라. 잘할 것 같아. 해보자."

평소에 선생님들에게 살갑게 말을 잘 붙이고 발표도 잘하던 학생이라 믿고 맡겼다.

현석이는 사회를 보면서 기타도 연주하기로 했다. 1학년 은소는 처음으로 무대에서 노래를 하게 되어 잔뜩 긴장하는 모습이었다. 2학년 현우는 건반도 하고 노래도 하기로 했다. 다른 아이들도 각자 맡은 노래와 악기를 연주하기로 했다.

다른 동아리 아이들과 선생님들이 가득 모였다. 공개 리허설이 시작되었다.

"자! 여러분, 지금부터 버스킹을 시작하도록 하겠습니다. 첫 번째 공연은 드럼부의 공연입니다."

현석이가 사회를 하며 시작했다. 현석이는 열심히 하긴 했지만 대본을 써서 하는 것이 아니고 즉흥적으로 하는 것이라 어수선하고 전달력이 없었다. 1학년 은소는 너무 긴장한 나머지 노래를 한 소절도 부르지 못했다. 끝나고 눈물을 뚝뚝 흘리며 울었다. 현우는 가사를 잊어버려 중간에 끊어졌다. 한마디로 망했다…….

사회자는 학생회장과 부회장으로 바뀌어 진행이 조금 매끄러워졌지만 연주하는 아이들은 리허설과 비슷한 수준이었다.

'내가 너무 아이들에게만 맡겨놓고 신경을 안 썼구나.'

자책감이 밀려왔다.

앞으로 어떻게 해야 할지 고민이 많이 되었다. 교감 선생님도 큰일 났다고 느끼셨는지 방과후학교 밴드반 개설을 원하셨다. 청양까지 오실 강사가 있을지 고민하고 있으니 직접 방과후학교 강사를 알아봐 주셨다. 다행히 강사가 구해졌다.

그런데 방과후학교 선생님이 조금 이상했다. 오자마자 악기와 앰프가 안 좋다며 700만원 상당의 새로운 악기와 앰프가 필요하다고 했다. 아이들에게도 강압적인 말투로 하기 싫으면 하지 말고 나가라는 식으로 얘기하기도 해서 아이들에게 말할 때 조심해 달라고 말씀을 드린 적도 있었다. 아이들은 스스로 자유롭게 연습하다가 선생님의 지도를 받으면서 해야 하니 적응하기가 쉽지 않은 것 같았다. 그래도 선생님의 지도를 받으며 연습하니 실력이 늘기는 했다. 그렇지만 과하게 악기 구입을 요구하고 아이들과의 관계도 원만하지 않아 더 이상 지도를 맡기기에는 무리가 있는 것 같았다. 새로운 강사님을 구하기로 했다. 다행히 공주에서 청양까지 와주시고, 아이들에게도 다정한 선생님을 구할 수 있었다. 방과후학교에서 열심히 지도를 받고, 2학기 시장 버스킹과 축제 등 무대에 서보는 경험이 많아지면서 아이들의 실력은 일취월장했다. 아이들은 스스로 외부에서 하는 동아리 공연에 참여하기도 하고, 대회에 참여하기도 했다. 연말이 되자 매끄럽게 연주할 수 있는 실력이 되었다. 그렇지만 모든 일이 술술 풀리는 것은 아니었다. 아이들끼리 갈등이 생겨 여러 명이 탈퇴하는 일이 일어났다. 방과후 선생님이 좋은 분이긴 했지만 학교에서 지도해 본 경험이 많지 않아 아이들 지도를 어려워하며 나에게 하소연하기도 했다. 방과후 시간에 정한 악기 포지션을 동아리 활동을 하면서 흩어 놓는 경우가 있어 방과후 선생님께서 불만을 얘기하기도 하셨다. 방과후와 동아리 구성원이 똑같지 않아 방과후 따로 동아리 따로 연습했다. 방과후에서 연습한 것은 방과후 선생님께 맡기고 터치하지 않았다. 미숙했던 나의 밴드동아리 운영도 방과후 선생님과 서서히 조율해가며 어떻게 지도해야 할지 감이 잡혀갔다.

2023년이 되면서 수석선생님께서 다른 학교로 옮기게 되었다. 처음 발령받은 신규 선생님이 동아리 업무를 맡으면서 예술동아리 공연도 맡게 되었다. 1학기 시장 버스킹은 따로 하지 않고 교내음악제를 하면서 같이 공연했다. 2학기에는 9월이나 10월쯤 시장에 가서 버스킹을 하기로 정했다. 9월이 되었는데 공연을 하겠다는 소식이 없었다. 아마 처음 해보는 업무라 신경을 쓰지 못한 것 같았다.

"예술동아리 시장 버스킹 장소를 예약해야 할 것 같아요."

마음이 급해진 내가 동아리 담당 선생님에게 먼저 말을 꺼냈다. 담담 선생님이 장소를 예약하려고 군청에 전화를 했더니 우리가 하기로 한 날 예약이 되어있어 원하는 날짜에 예약이 안 됐다. 어쩔 수 없이 11월 24일로 날짜가 잡혔다. 큰일이었다. 날씨가 너무 추울 것 같아 아이들이 야외에서 버스킹을 할 수 있을지 걱정이 되었다. 구경하는 사람도 너무 추울 것 같았다.

박민선 선생님이 제안을 하셨다.

"핫팩 사서 나눠주고, 핫초코도 한잔씩 마시면서 하면 어때?"

"아! 너무 좋을 것 같아요. 오히려 훈훈한 버스킹이 되겠네요!"

담당 선생님이 핫팩과 핫초코를 구입했다. 대형 온수통이 필요한데 학교 급식실에서는 급식할 때 사용해야 해서 빌리기가 어려웠다. 남편 직장에 있는 것이 생각나서 전화를 걸었다.

"대형 온수통 좀 빌려줄 수 있어?"

"그래 가능해"

준비가 척척 진행되었다.

11월 24일 1시 30분부터 공연이 시작되기 때문에 점심시간부터 악기와 물건들을 나르기 시작했다. 악기를 옮겨주기 위해 이영기 선생님은 작은 트럭을 가져오셨고, 박민선 선생님도 짐을 실을 수 있는 차를 집에서 직접 끌고 오셨다. 장소에 도착하니 멋지게 현수막이 걸려있었다. 무대 앞 주차장에 주차된 차들을 옮겨서 구경할 공간을 확보했다. 학교 아이들과 지나가던 주민분들이 하나둘씩 모여들었다. 핫팩을 하나씩 나눠주고, 대형 온수통으로 물을 끓이기 시작했다. 물이 끓자 민선쌤과 3학년 승혜가 핫초코를 나눠주었다. 핫초코는 매우 잘 나갔다. 마시고 또 달라는 아이들도 있었다. 학생회장과 부회장의 사회로 버스킹이 시작되었다. 3학년 사랑이의 노래가 감성적이라 사람들의 마음을 울렸다. 3학년 기돈이의 기타, 베이스의 진호, 2학년 지민이의 드럼, 가은이의 건반 연주가 멋졌다. 3학년 현빈이와 현승이가 마지막으로 노래했다. '그대에게'를 부르는 현빈이와 현승이의 목소리가 우렁차게 시장에 울려 퍼졌다. 날씨는 추웠지만 춥지 않았다. 핫팩과 핫초코로 따뜻했고 아이들의 열정과 환호로 분위기는 뜨거웠다.

2024년 아이들의 실력은 더 늘었다. 이제 무대 위에 올라가도 전혀 떨지 않으며, 잘한다는 소문이 나서 외부에서 공연 요청도 들어오고 있다. 아이들은 연주가 재밌나보다. 쉬는 시간이나 점심시간마다 음악실에 와서 악기를 연주하고 노래를 부른다. 내년에 아이들이 모집이 될지 걱정이 되긴 하지만 난 아이들의 능력을 믿는다. 아이들은 스스로 친구들을 모집하고 즐겁게 모여 연습한다. 아이들이 즐겁게 연주할 수 있도록 나는 옆에서 잘 도와줄 생각이다.

밴드부 버스킹

드럼

복성혁

(76회 졸업생)

오늘은 드럼공연 하는 날!!

학교에서 점심을 먹은 후에 드럼을 공연하는 시장으로 악기를 옮겼다. 드럼이 무거워 옮기기 힘들었지만 다 옮겼다.

공연시작은 오후 3시 30분, 현재 시간 2시.

두근대고 긴장되는 마음으로 기다리니 어느새 시간이 흘러 첫 번째 공연, 두 번째 공연, 세 번째 공연……

벌써 나의 차례가 되었다. 나의 곡은 '당신이 좋아'였다.

나는 나의 짝과 함께하는 공연이었는데 다행히 둘 다 실수 없이 성공적으로 공연을 끝마쳤다. 정말 뿌듯했다. 정말 기뻤다.

이 기회를 만들어주신 드럼 선생님 감사합니다.

드럼은 나에게 새로운 취미이자 재미로 다가왔다. 이번 일은 다른 사람들 앞에서 더 자신감 있게 행동할 수 있는 계기가 되었다.

(2021년)

우리들의 노랫소리

안노은 · 오세빈 · 한지은
(71회 졸업생, 71회 졸업생, 73회 졸업생)

친구와 우정도 쌓고 재미도 있어

　2017년 7월 14일 청양중학교(교장 서용문) 청솔관에서 제3회 교내 합창대회가 열렸다. 합창대회는 1학기 2회고사가 끝나고 약 1주일 뒤에 열렸는데, 학생들은 일주일이라는 짧은 시간 동안 춤과 노래를 열심히 연습해 모두를 놀라게 했다. 모두를 격려하며 시작한 합창대회는 서로 칭찬하며 끝났다. 연습하면서 친구들과 갈등을 겪기도 했고, 눈물을 보이기도 했다. 그럼에도 불구하고 열심히 연습하는 청양중학교 학생들을 통해 모두가 큰 감동을 받았다. 모두가 열심히 준비한 합창대회에 우열을 가리기는 쉽지 않지만 학생들은 모든 반의 공연을 다 보고난 뒤 한 학년당 한 반씩 스티커를 붙여주는 방법으로 투표해 순위를 정했다. 1학년에서는 엑소의 '3.6.5'와 프로듀스 101의 '소나기'를 부른 4반이, 2학년에서는 싸이의 'I luv it'과 샤이니의 '초

록빛'을 부른 4반이, 3학년에서는 UN의 '선물'과 프로듀스 101의 '나 야나'를 부른 2반이 1등을 했다. 모두가 만족하는 결과는 아니었지만 다들 즐겁게 대회에 참여했고 행복했던 시간으로 기억되는 합창대회였다.

〈2017년 청솔신문〉

학생들을 감싸는 기분 좋은 선율
― 학교와 지역 주민이 어우러지는 '청솔음악제'

복수연, 엄영임

(77회 졸업생)

    우리 학교는 6월 2일(금) 청양문화예술회관에서 지난해에 이어 두 번째로 '청솔음악제'를 개최하였다. 축제에는 학급별 학생들과 예술동아리 학생이 참가해서 학급 구성원들의 협동심을 기르고 개인의 음악적 소질과 재능을 발휘하였다. 또한 학부모와 지역 주민을 초청하여 함께 어우러지는 축제의 장이 되었다.

    각 학급 구성원들이 함께 화합하며 협동심을 기르기 위한 행사로 마련된 음악제에는 전교생이 참여하여 12개 학급의 공연과 예술동아리 공연이 있었다. 학급별 발표에 참여한 학생과 드럼, 밴드, 댄스 동아리 학생들은 쉬는 시간, 점심시간 등을 이용해 함께 모여 곡을 정하고 파트를 나누어 열정적으로 연습을 하였다.

    1부에 예술동아리 발표가 있었고, 2부에서는 학급별 발표가 이어

졌다. 학급별로 자유곡 1곡을 발표했는데 반주는 MR을 사용하거나 직접 연주했고 가사는 외워서 노래했다.

3학년 3반의 참가곡 '아로하'로 학급별 경연이 시작되었는데, 노래에 맞추어 율동을 한 학급도 있었고 소품이나 복장을 준비하여 청중의 호응을 유도하는 등 모두가 함께 공연을 즐겼다. 화합과 배려 그리고 재능이 돋보인 무대였다. 끝으로 강노권, 이기민, 정혜은 학생이 특별 출연을 해서 한국무용 '진도북춤'으로 음악제의 마지막을 장식했다. 이어 열린 시상식을 통해서는 1학년 1반, 2학년 4반, 3학년 4반이 학년별 대상을 받았다.

교장 선생님은 "서툴지만 학생들의 화합과 배려가 담겨 음악제가 우리들의 마음을 따스하게 만들었다."며 행사에 참석해 학생들에게 힘을 실어 준 학부모님과 지역 주민에게 감사하다고 했다.

〈2023년 청솔신문〉

청솔음악제

다사다난 음악제 준비과정

정여원

(2학년)

청양중학교로 올라오고 나서 가장 기억에 남았던 일을 꼽으라 한다면 청솔 음악제라고 말할 수 있다.

청솔 음악제를 가장 기억에 남는 일로 꼽게 할 정도로 청솔 음악제를 준비하는 과정들은 특히 다사다난한 일들이 많았던 것 같다.

처음 곡을 정할 때는 다수결로 무난하게 결정되었다. 내가 속했던 1학년 3반이 처음 선택했던 곡은 '오하요 마이 나이트(OHAYO MY NIGHT)'라는 곡으로 높은 득표수를 자랑하며 결정되었다. '오하요 마이 나이트'라는 곡을 들었을 때부터 곡이 전체적으로 밝은 느낌이 있는 건 아닌데 축제에 어울리는 곡인가에 관해서도 생각해봤었고 조금 걱정이 되기도 했다. 그런 점들에 대해선 깊게 생각하지 않고 몇 주간 가사를 열심히 외웠다. 몇 주가 지나니 우려했던대로 반 아이들 몇몇이 불만을 토로하기 시작했으며, 노래를 교체하기로 결정되는 일은 기억도 안 날 정도로 빠르게 진행되었다. 노래를 교체하기로 정하고 다시 노래를 정하기 위해서 친구들끼리 의견을 내고 모으고 그러면서 또 몇 주간을 허비하게 되니 지금 뭐 하고 있는가 싶은 느낌도 들었다. 그래도 순탄하다 할 수 없을지언정 어떻게든 곡을 바꿀 수 있었는데, 그때 바꾼 곡이 바로 '사랑인가 봐'이다. 솔직히 곡을 처음 들었을 당시에는 그래도 음악제인데 밝은 게 좋지 않나 싶은 개인적인 생각이 있었기 때문에 바뀐 2번째 곡이 완전 마음에 들지는 않았다. '사랑인가 봐'라는 곡도 밝은 템포로만 이루어진 것은 아니라서 마냥 좋았던 것은 아니었지만 그래도 '오하요 마이 나이트'보다는 밝은 분위기라서 차라리 잘됐다는 마음도 있었다.

그 후에 '사랑인가 봐'로 음악제를 준비하는 당시에도 순탄치만은 않았다. 몇몇 친구들이 모여 노래에 맞는 간단한 동선과 안무를 정해주었는데 정해진 안무에 불평하는 아이들이 있어 그들 간의 마찰도 있었고, 복장을 맞추는 것에 대해서도 여러 이야기들이 오갔다. 우리 반은 중간에 곡을 변경하는 일이 있어서 다른 반보다 연습 총량이 적었지만, 선생님께 사정해 연습 시간도 늘려보았고 검은 옷에 흰 장갑을 껴 포인트도 주어보았고, 판넬도 만들며 우리들이 할 수 있는 최선을 다 해보았다. 그럴 때조차도 시간은 야속하게 흘렀고….

음악제가 시작되고 앞 순서 사람들이 노래 부르는 것을 보며 정말 많이 긴장하였는데, 무대 위로 올라가 본 적이 없어 몰랐는데 무대 위가 조명을 많이 받아 무대 위에 서면 앞이 컴컴하고 제대로 보이지 않는 게, 내가 생각했던 것과는 다른 풍경에 신기했다. 그리고 노래를 부르게 됐을 땐 너무 긴장한 탓인지 우리 반이 노랠 크게 불렀는지 작게 불렀는지조차 잘 생각나지 않았다. 하지만 노랠 다 부르고 내려왔을 때는 연습한 것에 비해 나쁘지 않게 부른 것 같다는 생각을 했던 것도 같다.

　음악제가 시행되면서 친구들 간에 다툼도 많았지만 그럼에도 서로 의견을 조율해가며 처음보다 맘을 맞추고 상대를 배려하며 협동력 있는 모습을 볼 수 있어 좋았고 후반부 안무는 음악제 가기 며칠 전에 정한 것인데도 나름 잘 해내는 모습을 보며 뿌듯하기도 했다. 처음에는 잘 맞지 않았지만 나중엔 어찌 됐든 잘 해낸 모습을 보며 이런 음악제 같은 것들도 나름 좋다고 생각했다.

〈2023년〉

청솔음악제

연습하고 또 연습하고

장지민
(2학년)

　음악제를 위해 곡을 선정하고 노래에 맞는 안무도 짜고 줄도 맞추고 안무를 연습하고 노래도 계속해서 연습하고 연습하고 연습하다 보니 음악제는 생각보다 빨리 왔다.
　노래와 안무를 연습하는데 사소한 다툼이 연습하는 동안 조금씩 있었지만 그래도 열심히 연습한 거니까 잘하고 싶었다. 우리 차례가 다가올수록 엄청 긴장 되고 떨렸다. 그리고 무대에 섰을 때 진짜 긴장되서 심장이 툭 튀어나갈 것 같고 실수할까봐 너무 너무 떨려서 나의 심장소리가 나의 귀에 크게 들리는 것 같았다. 그래도 막상 노래가 시작되니 걱정되던 것과 긴장된 것이 거짓말처럼 싹 사라졌다. 모두 나의 앞, 옆, 뒤에 있는 친구들, 그리고 앞에 똑바로 봐도 관객들이 보이지 않게 하는 빛 때문인 듯하다. 나름 만족하는 무대를 만들었다. 노력한 만큼 좋은 무대를 만들었다고 생각했으나 결과는…….
　다음에는 더 좋은 무대를 만들 것이다. 노래도 잘 부르고 표현도 잘하고 반과 화합하고 우리 반 전체가 적극적으로 즐겁게 참여하여 꼭 최우수상을 타리라……. 꼭!

(2023)

청양에 울려 퍼진 청양중학교의 함성소리!

강지민

(3학년)

3년 만에 열린 두 번의 체육대회.

코로나19로 인해 3년간 열리지 못했던 체육대회가 드디어 올해 열리게 되었다. 그간 아쉬움을 떨쳐내기 위해 5월 25일과 10월 28일 두 학기에 거쳐 진행되었다.

먼저 1학기의 체육대회는 전교생이 참가한 가운데, 청솔관과 운동장에서 진행되었으며, 학년별로 2개 반씩 팀을 나눠 진행되었다. 체육대회는 반별로 직접 제작한 깃발을 가지고 행진하는 것으로 시작하였으며 반별로 특색있는 아이디어를 가지고 행진하며 체육대회의 시작을 빛내주었다.

이날 체육대회에서는 구슬치기, 제기차기 등 부스체험과 체육대회로 진행되었다.

각 부스에서 도장을 받아 총 8개의 부스 중 6개 이상의 부스를 체험한 학생들에게는 선물을 증정하였는데 학생들의 반응이 뜨거웠다. 이어진 체육대회에서는 축구, 피구, 농구, 2인 3각 등 경기를 진행하였으며, 학생들의 뜨거운 열정으로 현장 분위기는 올림픽 못지 않았다.

학년별로 1학년 4반, 2학년 2반, 3학년 1반이 우승을 가져갔다. 우승한 학급에겐 10만 원의 상금이 주어져 학급 단체활동을 할 수 있도록 하였다. 비록 상금을 받지 못한 학생들은 아쉬움에 탄식했지만 열정적인 참여만으로 더 의미 있고 즐거운 체육대회였다.

이에 한 학생은 우승을 떠나서 반이 단합되는 모습이 멋있었고 다들 열정을 가지고 열심히 하는 모습이 좋았다고 말했다. 또 다른 학생은 앞으로 이러한 체육대회가 많이 열렸으면 좋겠고, 이번 기회를 통해 친구들의 열정을 확인할 수 있어 재미있었다고 말했다.

2학기 체육대회는 10월 28일에 열렸다. 1학기와는 다르게 축구, 피구, 농구, 계주로 축소되어 진행되었다. 점심시간에는 화합의 시간으로 선생님들과 학생들이 삼겹살을 구워 먹는 시간이었기 때문이다. 학생들은 1학기 때는 종목을 준비하기 바빴지만 2학기 때는 삼겹살을 먹을 준비에 바빠 종목을 연습하기보다는 가져올 재료를 정하기 바빴다. 이런 기분 좋은 바쁨 속에 많은 학생들은 학년끼리 재미있게 구워 먹으며 1학기와는 달라 색다른 체육대회를 할 수 있어 더더욱 재미있는 체육대회였다고 입을 모아 이야기 하였다.

학생들의 함성이 청양 시내를 들썩이게 만들었던, 모두가 신나는 체육대회였다.

〈2022년 청솔신문〉

체육대회

요모조모 체육대회

2022 체육행사_ 정채은(3학년)

체육대회

함께 준비하고 함께 울었던 체육대회

홍 영 택

(3학년)

　우리는 다가오는 체육대회를 위해 축구와 2인 3각을 연습했다. 체육시간에 축구를 연습하고 개인훈련, 풋살 등을 하면서 나도 발전했고 우리 팀원들도 발전한 것 같다. 우리는 항상 부족함을 느끼고 연습하고 연습했다. 우린 자신감이 가득했으며 우리와 경기하는 다른 반을 이길 것 같았다. 전술도 준비하고 개인훈련도 매일 했다. 대망의 경기 시작날 우리는 뛰고 계속 뛰었던 것 같다. 하지만 결과는 처참했다. 우리는 상실감에 빠져 승민이와 난 울었다. 일주일 동안 축구를 하지도 않았다. 농구도 많이 준비했지만 졌다. 나는 다른 반들이 우리반보다 더 많이 준비했음을 느꼈고 반성했다. 2인 3각은 2등을 했고 줄다리기는 1등을 했다. 가장 준비를 안 한 줄다리기가 1등을 한 것이다.(승민이가 우리반이어서???) 우리는 최종 3등으로 마무리했다. 다음부터는 다른 반보다 더 많이 더 미리미리 준비하여 꼭 최강피지컬상을 받을 것이다.

〈2023년〉

밀가루 범벅 체육대회_ 이다옴 (2학년)

책을 배달받았어요!

박지영

(2학년)

　우리 학교 도서관의 책 배달 서비스를 이용하며 간단하게 느낀 점을 몇 가지 적어보려 한다.
　먼저 책 배달 서비스를 알게 된 계기는 복도에 붙여져 있던 포스터를 보게 되면서부터이다. 모듈러 교실에서 도서관까지 걸어서 3-4분이 걸린다. 쉬는 시간에는 도서관에 갈 엄두를 내지 못하고 점심시간에도 여러 가지 이유로 가기 힘들기 때문에 책 보러 도서관에 가는게 쉽지 않다 생각했는데 책을 가져다 준다고 하니 되게 좋다는 생각을 하게 되었다. 포스터에 있는 QR 코드를 찍어보니 사서선생님과 1대 1 채팅방으로 연결되었고, 보고 싶은 책을 요청하여 다음날 아침 책을 받았다.
　책 배달 서비스를 이용해보니 책 빌리는 것이 편리해서 좋았다. 매번 도서관까지 왔다갔다 하는 게 어려웠는데 사서선생님께 이야기해서 책을 받을 수 있는게 참 좋았습니다. 그리고 뭔가 대접받는 느낌이라고 해야 하나? 그런 느낌이 좋았고, 학생들을 배려하고 책을 많이 읽히려는 사서선생님의 마음에 감사하기도 했다. 마지막으로 사서선생님이 직접 책을 가져다주며 간식도 주어 책도 보고 간식도 먹는 소소한 즐거움을 느낄 수 있었다.

책 배달 서비스가 지금도 좋지만 더 많은 학생들이 이용하려면 학생들에게 더 많이 알려져야 한다고 생각한다. 포스터를 붙여놔도 그냥 지나가거나 잘 안 보는 친구들이 많기 때문에 여러 가지 방법으로 알린다면 지금보다 더 많은 친구들이 책 배달 서비스를 이용할 것 같다. 그리고 맛있는 간식을 조금 더 챙겨준다면 간식을 먹기 위해서라도 더 많은 친구들이 이용하지 않을까 생각해본다.

〈2024년〉

도서관 활동

사서선생님이 책을 픽업해 출발했습니다

선동혁
(2022. 3. 1. ~ 현재, 교사)

복직 후 돌아온 학교도서관은 외딴 섬이 되어 있었다.

그린스마트 미래학교를 위한 리모델링과 증축공사로 인해 본동 건물을 부수면서 본동 바로 옆에 있던 도서관 건물만 덩그러니 남게 된 것이다. 게다가 도서관으로 향하는 길은 하루에도 수차례 덤프트럭 같은 공사차량이 드나들며 도서관은 쉽게 갈 수 없는 곳이 되어버렸다. 학교 도서관의 위치나 접근성은 도서관 이용에도 많은 영향을 미치기 때문에 아이들이 도서관을 잘 오지 않을까 하는 걱정스러운 마음이 생겼다. 다행히 교장, 교감선생님이 학생들의 독서와 도서관의 역할을 중요하게 생각하셔서 도서관 이용시간이나 활용에 통제는 두지 않으셨고 수업으로 도서관에 갈 때는 담당교사가 인솔해서 오고 가는 것으로 해주셨다.

새 학기가 시작하고 학생들의 도서관 이용실태를 보니 대충 보아도 이전보다 도서관 이용 학생이 줄었다는 것을 알 수 있었다. 그리고 도서관에 오는 학생들과의 대화를 통해 수업시간이 아니면 도서관에 오는 것 자체가 어렵다는 것도 알게 되었다. 교실과 도서관의 거리가 멀다보니 쉬는 시간을 이용하기도 어렵고 학년 별로 식사시간이 정해져있는 점심시간을 이용하는 것도 녹록치 않아 보였다. 그래서 어떻게 하면 학생들이 도서관을 더 많이 이용할 수 있을까 고민하다 생각해 낸 방법이 책배달 서비스였다.

책배달 서비스는 파주에서 공공도서관 사서로 근무할 때 우리 도서관에서 하던 서비스였다. 몸이 불편해서 혹은 집과 도서관의 거리가 멀어서 직접 오기 힘든 이용자들을 위해 책을 가져다주고 반납받는 서비스였는데 참 좋은 취지이고 아이디어라고 생각했다.

이 좋은 아이디어를 학교 도서관에 적용해 본 적도 있다. 첫 발령 학교에서 코로나로 인한 전면 비대면 수업이 진행될 때 학생들에게 한 권이라도 책을 읽혔으면 하는 마음에 직접 집으로 찾아가는 책배달 서비스를 한 적이 있다. 비록 집으로 선생님이 오는 게 부담스러워서였는지 아쉽게도 이용한 학생이 손에 꼽지만 말이다. 이번 청양중학교에서도 있으나 마나 한 서비스가 되어버리면 어떻게 하나 걱정도 했지만 일단 해보자 하는 생각으로 진행하게 되었다.

일단 책배달 서비스의 시작 전 단계로 도서반납함을 구입했다. 책은 배달해주는데 반납하러 다시 도서관에 와야 한다는 건 책배달 서비스의 취지에 맞지 않기 때문에 도서반납함을 구입해 모듈러 교실 복도에 두었다. 그리고 책배달 서비스 홍보문을 만들어 복도 여기저기에, 교실 게시판에 부착하여 원하는 책이 있으면 사서선생님이 직접 책을 가져다 준다는 것을 알 수 있게 하였다. 감사하게도 이 모든

사서샘이 직접 찾아가는 책 배달 서비스 시작!

이 QR코드를 찍으면 책을 빌릴 수 있어!
(오픈채팅방 QR코드)

책 배달 서비스가 뭐에요?
도서관까지 오기 힘든 친구들을 위해 사서선생님이 교실까지 직접 책을 가져다 주는 서비스 입니다.

신청은 어떻게 해요?
카카오톡 오픈채팅방을 통해 읽고 싶은 책을 신청하면 사서선생님이 배달해드립니다.

책 반납은 어떻게 해요?
1층 교무실 앞 반납함에 넣어두면 사서선생님이 반납처리 합니다.

책을 빌리면 하리보 젤리도 준다구!

청양중학교 청솔도서관

과정에 예산사용이나 행정적인 절차를 교장, 교감선생님이 적극적으로 호응해주셔서 내가 원하는대로 일을 추진할 수 있었다.

책배달 서비스 신청은 카카오톡 오픈채팅방을 이용하기로 했다. 아무래도 카카오톡이 가장 편한 소통 창구 중 하나이고 오픈채팅방을 이용하면 사서교사인 나와 1대 1로 채팅이 가능하기 때문에 가장 효율적인 방법이라고 생각했다. 오픈채팅방을 개설한 뒤 채팅방에서 어떤 책을 읽고 싶다고 신청하면 검색 후 대출처리하여 교실까지 책을 가져다주는 시스템으로 운영했다. 그리고 책배달 서비스 활성화 혹은 유인책으로 소소한 간식과 함께 책을 배달해주기로 했다.

학생들의 반응은 의외였다. 책배달 서비스 자체에 대한 호응 혹은 무관심이겠지 했는데 '선생님한테 어떻게 배달을 시켜요?', '선생님이 너무 힘드실 것 같아요.' 같은 반응이었다. 문자 그대로 의미를 받아들여야 할지, 아니면 책 읽기 싫은 마음을 돌려 말한 건지 모르겠지만 역시 학생들은 늘 허를 찌르는 내가 생각하지 못한 생각을 하는 것 같다.

처음에는 신청학생이 많지 않더니 적극적으로 홍보하고 담임선생님들도 조회, 종례시간에 학생들에게 전달해주셔서인지 신청 건수가 늘어갔다. 출근 후 도서관 불을 켜고 들어와 학생들이 신청한 책을 찾고 대출처리 한 뒤 작은 간식에 마음을 담아 책을 가져다주는 발걸음만큼 가벼운 발걸음은 없었던 것 같다. 종종 학생들이나 선생님들이 도서관에서 교실까지 왔다갔다 하는게 힘들지 않느냐고도 하지만 정말 전혀 힘들지 않다. 오히려 힘이 더 나는 느낌이다.

시간이 흐르고 시험기간도 되면서 신청 건수나 대출 건수가 많이 줄어들었지만 책배달 서비스를 시도하고 학생들이 이용했다던 것만으로도 큰 의미가 있다고 생각한다. 그리고 학생들이 더 많은 배달신청을 하도록 만들기 위해 계속해서 방법을 더 고민 중이다.

  나는 책을 좋아한다. 그래서 사서를 업으로 생각해서 지금의 사서교사 자리까지 오게 되었다. 하지만 나의 중학생 시절을 되돌아보면 책을 많이 읽지는 않았던 것 같다. 그래서인지 책을 읽는 우리 청양중학교 학생들이 그저 예쁘고 대견스럽다. 어떨 땐 존경스러운 마음마저 든다. 독서를 즐기는 우리 청양중학교 학생들이 앞으로 어떤 가능성을 가진 사람으로 자랄지 기대가 된다.

  이야기를 마무리하며 1학년을 대상으로 하는 도서관 이용교육 때 학생들에게 마지막으로 하는 말로 이 글의 끝을 맺고 싶다.

  "빌게이츠는 동네의 작은 공공도서관이 지금의 나를 만들었다고 했습니다. 여러분들은 커서 청양중학교 학교 도서관이 지금의 나를 만들었다고 생각할 수 있었으면 좋겠습니다."

(2024년)

부산을 다녀오다

염기돈

(77회 졸업생)

　코로나19 때문에 초등학교 6학년 때 수학여행을 가지 못한 것이 한으로 맺혀 있었는데 감사하게도 중학교 2학년에서는 수학여행을 가게 되었다. 물론 이때도 코로나19가 종식된 것은 아니라서 약간의 걱정과 우려가 있었지만, 생애 첫 수학여행이라는 설렘이 가득했다. 지금도 그때를 회상하면 가슴이 두근거린다. 원래라면 제주도를 가는 것이 맞았겠지만 비행기 표와 숙소 문제 때문에 부산으로 변경된 것이 조금 아쉬움으로 남는다. 하지만 막상 가보니 부산도 제주도 못지않게 우리에게 즐거움을 주었다. 친구들과 함께라면 어디를 가도 재밌는 것 같다. 그곳에서의 첫 일정이 부산 롯데월드였는데, 기대만큼 규모가 크지는 않았지만 역설적이게도 재미는 기대보다 훨씬 더 있었다. 이곳을 가기 전에 에버랜드를 친구들과 함께 학교에서 갔었는데, 부산 롯데월드가 규모는 작지만 재미는 에버랜드 못지않았다. 다음날 감천문화마을이라는 곳을 갔다. 나는 이곳을 처음 알았고 처음 가보는 곳이었지만, 내가 보고 있는 것이 꿈인지 생시인지 분간이 안 갈 정도로 너무나도 환상적으로 아름다운 마을이었다. 그런 마을을 '달동네'라고 한다던데 그곳은 멀리서 보면 희극이고 가까이서 보면 비극인 것 같다. 막상 동네를 들어가 보니 빽빽하게 들어선 건물에 숨이 턱 막힐 지경이었다. 하지만 나는 그곳에서 평생 잊지 못할 친구들과의 아름다운 추억 한 페이지를 써 내려갔다. 지금도 그 추억을 회상하면 나도 모르게 절로 미소가 지어진다. 수학여행을 2박 3일 일정으로 갔는데. 둘째 날부터 시간이 흐르는 게 아깝고 지금, 이 순간이 영원했으면 좋겠다는 생각이 들었다. 시간이 아까워서 밤을 새워 놀았고 결국 마지막 날 아침이 밝았을 때 나는 이곳을 떠나기 싫었다. 월요일 아침에 일어나는 것보다 힘들었다. 아마 이 추억은 내가 평생 간직해서 무덤까지 안고 갈 것 같다. 그만큼 나에게는 수학여행이 너무 행복했다. 잊지 못할 추억을 만들어주신 선생님들과 나와 함께한 친구들에게 매우 고맙고 감사하다.

〈2022년〉

수학여행

제주도를 다녀오다

명지희

(3학년)

　지난 4월 12일에 제주도로 수학여행을 다녀왔다. 아침 8시에 학교에서 출발해서 1시간 30분을 거쳐 청주 공항에 도착했다. 청주 공항에서 입국심사를 하고 비행기를 기다렸다. 하지만 비행기가 조금 늦어서 친구들과 앉아 수다를 떨었다. 기다리다 보니 비행기가 도착해서 비행기를 탔다. 원래 가족들이랑 타던 비행기와 친구들과 타는 비행기는 느낌이 달랐다. 그리고 제주도에 도착했다. 제주도에 도착해서 밥을 먹으러 갔다. 탐라향이라는 곳에서 먹었다. 그러곤 원래 해변에 갔어야 했는데 시간이 부족해 바로 다음 장소로 갔다. 다음 장소는 더마파크라는 곳이었다. 거기서 먼저 승마체험을 했다. 승마체험을 하려면 기다려야 했다. 기다려서 내 차례가 됐는데 막상 말을 타려니 무서웠다. 친구랑 나란히 각각 말을 탔는데 타다 보니 재미가 있었다. 그 다음으로는 카트체험을 했다. 2인승 카트로 친구와 같이 탔는데 진짜 너무너무너무 재미있었다. 그래서 한 번 더 탔는데 그

땐 1인승 카트밖에 없어서 친구와 따로 탔다. 그치만 친구와 탄 카트가 더 재미있었다. 그다음으로 승마공연을 봤는데 거기서 진짜 잘생긴 남성분을 보았다. 승마장 안에서 공연을 하시던 분이었는데 너무 잘생겨서 코피가 터질 뻔했다. 공연이 끝나 버스를 타고 이제 숙소로 갔다. 방에 들어가 짐을 정리하곤 1층에 있는 식당으로 가서 저녁을 먹었다. 그리고 나서 방으로 돌아가 친구들이랑 수다를 떨면서 놀았다. 그러다 보니 시간이 흘러 벌써 잘 시간이 되어있었다. 12시가 넘어 빨리 씻고 친구들과 잠자리를 준비했다. 자고 일어나서 조금 준비하고 밥을 먹으러 갔다. 밥을 먹고 방으로 들어가 마저 준비를 했다. 준비를 다 끝내고 다음 장소로 버스를 타고 갔다.

　장소는 천지연 폭포였다. 천지연 폭포에서 한라봉 머리핀을 사서 하루종일 거의 차고 다녔다. 그리고 폭포로 가서 반끼리 단체 사진을 찍고 자유시간에 개인 사진을 찍었다. 그다음 버스를 타고 제주 민속촌이라는 곳에 갔다. 제주 민속촌에선 사진만 찍고 다음 장소로 이동했다. 다음엔 밥을 먹으러 갔다. 오라방식당이라는 곳에서 돼지주물럭을 먹었다. 흰 옷을 입고 갔는데 돼지주물럭은 빨간색이라 다 튀었다. 하지만 맛있었다. 다음엔 메이즈랜드라는 곳에 갔다. 거기서 미로를 체험했다. 이곳에서 살짝 친구들과 다툼이 있었지만, 다행히 잘 풀렸다. 다음 장소는 빛의 벙커라는 곳이었는데 이곳에서도 사진만 찍었다. 다음 숙소로 돌아가 밥을 먹고 좀 쉬다가 레크레이션을 했다. 사실 덥고 장소에서 냄새나서 조금 불쾌했다. 그래도 재미는 조금 있었다. 다음 방으로 가 씻고 친구들과 야식으로 마라탕을 먹고 잤다. 그다음 날 일어나 아침을 먹고 산굼부리라는 곳에 갔다가 4·3

평화공원에 갔다. 그러곤 귤 품은 흑돼지라는 곳에서 친구들과 고기를 구워 먹었다. 너무 배부르고 맛있게 잘 먹었다. 그러곤 공항으로 가 비행기를 타고 청주 공항에 다시 돌아왔다. 청주 공항에서 버스를 타고 학교로 돌아갔다. 청양에서도 비가 와 비를 맞으면서 집으로 돌아갔다. 코로나 때문에 한 번도 수학여행을 못 가봤는데 내 생에 첫 수학여행 재미있었다. 3일 동안 즐거운 하루하루를 보냈다.

〈2023년〉

수학여행

제주도로 GO! GO!

제주도 수학여행_ 국다윤(2학년)

수학여행

서울에 다녀오다

이은서
(2학년)

　수학여행을 다녀왔다. 정말 많은 곳을 다녀왔는데 그중 나를 성장할 수 있게 한 곳은 롯데월드와 경복궁이다. 먼저 롯데월드는 지금까지 살면서 총 3번을 다녀왔던 곳이다. 평소 무서움이 많아서 롯데월드에 있는 놀이기구들을 잘 타지 못했었다. 하지만 이번엔 한 번 용기를 내어 친구와 함께 총 3개의 놀이기구를 탔는데 그중 2개의 놀이기구는 무서운 놀이기구였다. 이제야 비로소 롯데월드의 재미를 알았으니 다음에는 더 무서운 놀이기구를 타야겠다고 마음먹었다. 그리고 롯데월드에서 인상 깊었던 또 다른 사건이 있었다. 바로 외국인과 대화하기였다. 놀이기구를 타고 힘들어서 친구와 벤치에 앉아 있는데 어떤 외국인이 다가와 대화를 시도했다. 그분도 영어를 잘하지는 못하는지 다른 언어로 말하는 듯 보였다. 처음엔 그저 쳐다보기만 했을 뿐이었지만 곧 쉬운 영어와 몸짓으로 몇 마디 대화가 오고 가고……. 결국 그분은 감사하다며 떠났고 잠시 도움을 드린 것 같아 뿌듯함과 함께 외국인과의 대화도 어렵지 않음을 느끼게 되었다.

다음으로 나를 성장할 수 있게 한 곳은 경복궁이다. 초등학교 5, 6학년 때 역사 공부를 잠깐 한 적이 있어 기대감이 있었던 곳이다. 한복으로 갈아입고 먼저 국립고궁박물관에 갔다. 박물관에는 책이나 영화에서 봤던 측우기, 고서 등 정말 보고 싶었던 옛날 유물들을 볼 수 있어서 너무 신기했다. 박물관 구경을 마치고 경복궁 내부에 들어갔다. 책에서 봤던 경복궁을 실제로 보다니 정말 신기했다. 경복궁 내부는 미로 같아서 외적의 침입이 어려웠을 것 같았다. 그래서인지 길을 찾기 애먹었다. 왕이 대신들과 회의하는 건물도 봤는데 실제 조선시대에 쓰던 왕좌와 여러 가지가 있어 눈을 뗄 수가 없었다.

이번 수학여행은 롯데월드와 경복궁을 다녀오며 많은 것을 배울 수 있었고 특히 나를 알 수 있는 시간이었다.

(2024년)

미친듯이 즐거운 수학여행_ 전상민(2학년)

수학여행 가자_ 한서윤(2학년)

즐거운 수학여행_ 김진희(2학년)

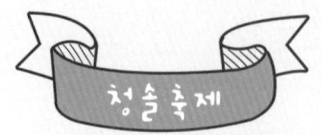

축제의 장에서 무대에 오르다

신해율
(2학년)

1월 5일에 청솔 축제를 한다는 소식을 들었다. 학기 초부터 기다려왔던 활동이고 우리가 직접 부스도 운영하고 공연도 하다 보니 정말 기대가 되었다. 일단 반 부스를 정하기로 하고 회의를 하였다. 다방, 카페, 메이드카페 등 카페가 많다 보니 부스는 카페로 하기로 결정했지만 노래방을 하자는 의견이 나왔고 반장이 노래방 기계를 구해 부스는 노래방으로 하기로 결정했다. 노래방 부스에서 노래를 부르면 뽑기를 해서 간식을 받을 수 있는 이벤트도 진행하기로 결정했다. 이렇게 부스는 다 정하였고 공연을 준비하였다.

나는 공연 할 생각이 없었지만, 친구들이 하자고 해서 하기로 했다. 반장이 랜덤플레이 댄스 음원을 준비하였고 연습을 하려고 했지만, 시청각실은 하나이고 반마다 공연을 해야 하기에 써야 하는 사람이 많아서 1학년들은 맨 마지막 주에 하기로 하였다. 연습을 하면서 정말 맞추는 것도 힘들었고 애들이 말을 안 들어서 싸우기도 많이 싸웠다. 그래도 선생님들이 수업 시간에 연습하는 것을 많이 이해해주셔서 완성할 수 있었다. 하지만 나는 밴드부에서도 공연을 해야 하기 때문에 좀 바빴다.

청솔 축제 곡을 정하지 못한 채 방과후가 끝나버려서 정말 혼란스러웠다. 정말 혼란스러운 상태에서 축제가 10일 남았는데 내가 공연하는 곡이 '사건의 지평선'이라는 이야기를 들었다. 그 노래는 정말 어려운 곡이고 내가 부르기에 정말 높고 힘든 곡이기에 좀 많이 당황스러웠다. 하지만 10일 남았는데 바꾸기도 뭐해서 그냥 하기로 하였다. 그래도 같이 부르는 언니가 내가 부르지 못하는 파트를 다 커버해주어서 나름 할만했다.

방과후가 끝나서 고정된 연습 시간이 없다 보니 우리끼리 학교에 남아 연습하려 했지만, 우리가 연습하려는 날엔 항상 학교문을 닫는다며 나가라고 해서서 청소년 문화의 집에 가서 연습을 하였다. 이렇게 연습은 끝이 났고, 드디어 청솔 축제 당일이다!

부스 담당을 반반 나누었는데 나는 먼저 하기로 해서 내 할 일을 다 하고 이제 막 부스체험을 하려고 했지만, 리허설을 해야 한다고 해서 한 개도 다 하지 못한 채 리허설을 하러 갔다. 리허설을 다 마친 뒤 이제 정말 공연을 하는 시간이 다가왔다. 반 공연보다 예술동아리 공연이 먼저여서 대기를 하고 있었는데 정말 너무너무 떨렸다.

이제 내 차례여서 무대에 올라갔지만 공연 시작 전 마이크가 나오지 않아 말씀드렸더니 이따 다 해줄 거라며 오히려 나에게 화를 내셨다. 그렇게 공연이 시작되었고 역시 내 마이크는 나오지 않았다. 일단 옆에 언니 마이크를 같이 써서 무대를 마무리했지만, 무대에서 내려오니 너무 속상하고 억울해서 눈물이 났다.

노래 앞부분 음정 잡기가 어려워서 시작 전 그 부분만 연습했는데 마이크가 나오지 않아서 앞부분을 못했다 보니 더 속상했던 것 같다. 그래도 다음이 바로 반 공연이어서 눈물을 닦고 무대에 다시 올랐다.

우리 반 무대를 하다 보니 너무 웃겨서 웃음이 나왔다. 이렇게 청솔 축제는 끝이 났다. 무대를 설 수 있는 기회가 있다는 것만으로 너무 좋았고 축제 준비하면서 친구들과 더 친해질 수 있었던 것 같다. 한가지 아쉬운 점이 있다면 다른 부스체험 못했던 게 너무 아쉬웠다.

〈2023년〉

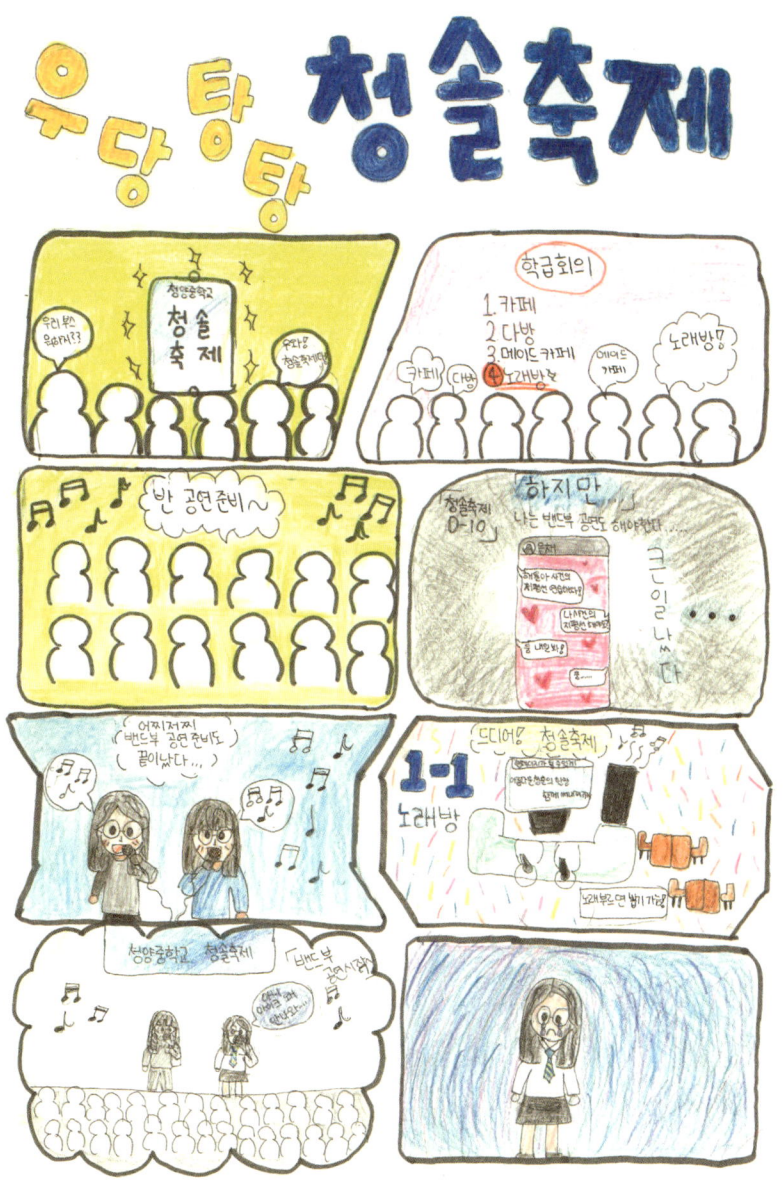

우당탕탕 청솔축제_ 신해율(2학년)

즐거운 학교생활

명 혜 영

(2학년)

중학교에 와서 했던 활동 중 가장 기억나는 활동은 입학식이다.
왜냐하면 중학교를 처음 와서 엄청 떨렸기 때문에 기억이 난다. 입학식 당일 날이 되자 저는 엄청 떨렸다. 그리고 교복을 입어봤는데 내가 교복을 입어보다니 엄청 신기했다. 중학교로 가던 중 담임쌤이 무서울까 걱정되었다. 그리고 중학교에 도착하자 체육관이 어디인지 몰라서 한참을 찾다 친구들이 가는 곳을 따라가자 체육관이 있었다. 그리고 체육관에 들어가보니 엄청 넓었다. 그리고 사람도 엄청 많았다. 그리고 입학식이 시작되었고 드럼부, 밴드부, 댄스부들이 공연을 해주셨다. 다른 사람 앞에서 공연을 하는 것은 엄청 떨릴텐데도 공연을 해주신 게 멋졌다. 그리고 담임선생님 소개와 부담임 선생님도 소개해주셨는데 중학교에 오니 부담임선생님이 계신다는 게 신기했다. 그리고 담임선생님과 함께 교실로 갔다. '가는 길이 너무 멀어서 앞으로 어떻게 다니고 3층까지 언제 올라가지', 라고 걱정되었다. 그리고 교실에서 담임선생님이랑 대화를 나눴다. 오늘 중학교에 입학해서 느꼈던 점은 교과 별로 선생님이 다르게 들어오셨던 게 신기했다. 초등학교에는 점심시간에 청소를 했는데 중학교는 청소시간이 있다는 거에 놀랐다. 그리고 핸드폰을 걷는 것이 신기했다.

시간표를 보니 기가 수업이어서 꺼내려고 하는데 기가가 안 보여서 물어보았더니 친구들도 기가가 뭔지 몰라서 열심히 찾고 있다가 기술가정이라고 어떤 친구가 알려주었던 게 재미있었다. 교과서 찾기 어려우니까 교과서를 줄임말로 안 써주셨으면 좋겠다라고 생각했다.

중학교 입학식을 하면서 들었던 생각은 학교는 늦게 끝나지만 교과별로 선생님께서 다르게 들어오시니 재미있을 것 같다. 그리고 활동도 많이 한다고 해서 초등학교보다 더 재미있을 것 같고 중학교 들어와서 할 모든 활동들이 잊지 못할 좋은 추억이 될 것 같다.

〈2023년〉

시작과 졸업

거친 돌이 다듬어져

박민서
(77회 졸업생)

거친 돌이 다듬어져 조각이 되듯 우리는 또 다른 조각을 만든다.
 우리도 마냥 순탄하지만은 않다. 너무나 당연했던 의견충돌도 있고 관심이 없는 친구들의 흥미를 사로잡는 것도 우리 모두의 몫이었다. 마지막이라는 타이틀이 우리에게 부담을 주었다. 어떻게 보면 적극적이었을 수 있지만 어떻게 보면 우리의 욕심이었을 수도 있으니까, 욕심인 걸 알면서도 우리는 도전 해보기로 했다. 우리의 끼와 매력을 발산할 수 있는 어머님이 누구니, 다시는 다같이 뿜어내지 못 할 에너지를 담은 허니, 우리의 가장 큰 장점 단합력을 살린 젠틀맨으로 어렵고 힘들겠지만 한 번 해 보기로 결심했다. 그 뒤로 웃음 가득하게 흘러갔지만 또 하나의 난관 앞에 섰다.
 우리의 시작과 설렘을 함께했던 교복은 이젠 익숙함으로 곁에 있었고 우리의 성장을 함께했던 교복은 한없이 작아 보이기만 해 우리의 마지막을 알렸다. 마지막인 만큼 다 같이 교복을 입어보자는 아이디어는 너무 좋았지만, 또 하나의 문제였고 그리 큰 문제는 아니었기에 교복과 비슷하게 맞춰 입게 되었다. 공연을 올라가기 전까지 계속 합을 맞추고 청솔축제에 올라가게 되었다. 연습할 때는 부끄러워하고 장난끼 가득한 모습이었지만 무대 위에 우리는 다같은 마음이었다. 우리의 마지막이 될 무대에서 함께 웃고 즐기면서 서로에게 아쉬움을 표현했다. 소리 지르며 무대를 즐기는 와중에도 "졸업 하기 싫다, 너무 슬프다." 라며 서로 얘기하며 무대를 마무리했다. 마지막이라 후회없이 모든 걸 쏟아부어 이것이 우리의 가장 소중하고 뜻깊은 추억이 될 거라 생각한다. 우리는 같은 반이라는 식상한 이유로 서로의 행복을 끝까지 책임져 주었기 때문에 행복한 마음으로 마무리를 지을 수 있었다. 이 날을 감히 가장 행복했고 좋았다고 말할 수 있을 거 같다. 이때 우리가 느끼던 감정들을 생생하게 기억하고 싶다. 그리고 우리의 조각은 완성되었다.

혁신학교 10년의 발자국

푸르고 맑은 마을의 아이들

2024년 11월 30일 초판 1쇄 발행

지은이   청양중학교 교육가족
펴낸곳   도서출판 심지
등 록   제 2003-000014호
주 소   34570 대전광역시 동구 대전천북로 12
전 화   042 635 9942
팩 스   042 635 9941
전자우편 simji42@hanmail.net

ISBN 978-89-6627-261-7   03810

* 저자와의 협의에 의해 인지를 생략합니다.
* 이 책은 2024 충청남도교육청 혁신학교 10년 기록물 지원 사업으로
  발간된 책으로, 판매 수익금 전액 해당교 학교 발전 기금으로 사용됩니다.